宇宙變化의 原理이야기 1
(六十甲子이야기: 우주이치)

열린문학 신가사(A)부문 본상

조대일(시인)
KBS 문화센터 혈액형 의학 강사, 〈월간 건강 다이제스트〉 혈액형 의학 칼럼 연재, 법무부 보호관찰소 범죄예방위원, 우리생활 건강연구회 설립, 혈액형 의학 명명, 경기대학교 사회교육원 혈액형 의학 강의, 대한 사격 연맹 이사, 건강원 운영, KBS 건강 365 혈액형 의학 연재, 신지식인상 수상, 국제문화예술협회 열린문학 신인상 수상
저서: 당신도 의사가 될 수 있다/혈액형과 현대병/혈액형이 체질이다 1, 2권/혈액형의학의 체질이야기 Ⅰ, Ⅱ, Ⅲ/혈액형의학의 체질이야기 Ⅳ,아기를 잘 낳는 비결/즉효 응급처치 비법/인체 메카니즘/이것이 혈액형 의학이다. 집필중: 혈액형의학과 요리의 만남/우주의 잣대 (한국철학시리즈)/占風의 여든한가지 질문집/성격과 감정의 형성그리고 심리여행/ 우리말의 모양과 소리

●●● 당선소감

心象之身

마음은 몸에서 나온다고 하는 옛 선현의 말씀입니다.
몸이 있어야 마음이 있지 몸없는 마음이 이 세상에 존재할 수 있는가?
생명! 인체속 생명 메카니즘을 찾아 40여년, 서양사람의 코가 왜 큰가?를 찾았을 때 밀려드는 허무와 고독함, 그 마음 달래느라 한 장 한구절씩 썼던 짧은 글귀들.
국제문화예술협회 김선총재님 오문옥 회장님, 김석인 본부장님, 이오동 국장님 이하 심사위원 여러분! 감사합니다. 진심어린 감사를 올립니다.
꿈인가? 생시인가? 오늘 암이 깊고 당뇨까지 겹쳐 힘든데 항암휴유증으로 마약을 투여해도 통증이 멈출줄 모르던 몸을 맡기면서 "선생님 무조건 믿고 시키는대로 하겠습니다." 하던 그 분이 전화를 했다. "선생님 대박났어요, 뭔지 알아맞혀 보세요, 네~ 아 무릎이 좀 편해지셨나요?" 그보다 더 큰거요, 무엇일까?~ "당뇨, 암, 고지혈증 모두 정상이래요, 아~ 감사합니다. 감사합니다. 모두가 박여사님 실천하는 노력 덕분입니다." "감사합니다. 박여사님 스스로 치료하고 이기신 겁니다." 경사도, 흉사도 겹쳐서 온다는 옛말이 맞기는 맞나보다. 특히 물심양면으로 지도하고 이끌어주신 김선총재님. 총재님과 인연의 다리를 놓아주신 엠-애드 임선실 실장님께도 감사를 드립니다. 앞으로 여력이 있는한 국제문화예술협회와 동행하겠습니다.
선배 문인 여러분들의 지도편달이 더욱더 필요합니다.
아직도 갈증이 심합니다. 선배문인 제현들의 건강과 행복한 삶을 위하여 선배문인 제현들의 명예에 누가 되지 않도록 정성을 다하여 갈고 닦겠습니다.

―點風 謹書

宇宙變化의 原理이야기
1

共平 조대일

| 머릿글 |

宇宙變化의 原理이야기

    身重之天下
    宇宙의 중심은 태양이요
    태양의 中心은 지구요
    地球의 中心은 나(吾)다
    考로 나는 宇宙의 核이다.

어렸을적 우연한 기회에 형님으로부터 손가락마디로 생년월일시를 짚어 풀어보는 수장사주(당사주)를 배웠다. 그때 나름대로 신기하기도 하고 재미도 있었던 것 같다. 그리고 잊어버렸다가 40여년전 한의학을 공부하기 시작하면서 공도선생님으로부터 이석영선생님의 명리학을 사사받게 되었는데 내 나름의 질문을 해봤지만 정답이라는 생각을 못하고 의문만 가득한채 두달만에 공부를 중단했다. 그러면서도 항상 머릿속에서는 육십갑자(六十甲子)속에는 무엇인가 무한한 정보가 있는 것으로 생각하고 그 정보가 무엇일까?하는 화두가 떠나질 않았다. 그러던 중 청서년(靑鼠年) 小白山에서 見性한 연후로 하나하나 엉킨 실타래가 풀어지듯 정리가 되기 시작했다. 사주팔자, 작명,

음택, 양택, 주역, 팔괘, 관상, 지리 등의 자연과학적 의미가 나타났다. 이를 정리하면 六十甲子는 무한한 우주의 실상을 풀어내는 암호였다. 즉 수학공식 같은 것이다.

그 이후로 天符三印을 찾았다. 천부一印은 천부경이요 그 모형이 바둑판이요, 천부이인은 달력이요 그 모형이 윷판이요, 천부三印은 洪範九疇(홍범구주)와 그 모형이 장기판이다. 놀이기구를 통하여 우주의 이치를 깨닫게 하는 교육이었던 것이다.

이러한 조상님들의 놀라운 지혜와 역사와 기록물 등이 진시왕의 焚書坑儒(분서갱유)로 인하여 사라지고 역사는 조작되고 왜곡되었다. 이때부터 한국철학은 중국철학으로 전도된다. 음양오행과 육갑의 기원이 없는 것은 한국이나 중국이나 마찬가지다. 음양오행과 육갑의 기원이 없으니 많은 사람들에 의하여 활용해보는 수 밖에 없다. 이러한 관계로 음양오행을 통계학이 아닐까?하는 의문을 갖게 되고 전문가마다 딴소리를 하게 된 연유다.

또하나 우리 조상들의 빛나는 유산 중 우주만물의 모양과 소리다.

즉 漢文(한문)과 한글(韓吃)이다 이 역시 우주의 이치와 부합하므로서 크게는 자연과학이요 작게는 과학적이라는 점이다. 이러한 현실들을 감안하여 우리들의 후손들에게 보다더 높은 정신세계를 열어주고자 필자는 20여년을 우주를 측량하는 "잣대"에 대하여 연구고심하게 된다. 그 이유는 하나의 의문점이 발생했을 때 그 의문점을 풀어가는 과정이 객관성이 있어야 하고 사고실험(思考實驗)을 해야하고 어떤 전문가로 부터의 질문도 거침없이 받아 낼 수 있는 역량을 갖추는 등 사귀가 맞아 떨어져야 함이다. 사실 동양철학(한국철학)의 근간은 六甲이다. 六甲의 뿌리는 음양오행이다. 하지만 사람에 따라서 동양철학은 노장사상으로 보기도 하고 공맹사상으로 보기도 하고, 주역으로 보기도 한다. 주역은 또다시 복희8괘와 문왕8괘, 김일부선생의 정역, 사주팔자등으로 뿌리는 하나인데 가지마다 피어나는 꽃도 다르고 맺히는 열매도 다르다. 이러한 실상들이 결국 갑론을박을 만들어 내고 의식되고 습관되어 이제는 그 뿌리까지 다르게 보이는 상황에 이르렀다. 육갑을 보는 관점도 그렇다. 중국것이다. 한국것이다. 통계학이다. 또 작명에 대해서도 작명가마다 다르다. 숫자로 푸는 사람, 글자로 푸는 사람, 소리로 푸는 사람, 자기가 스스로 공식을 만들어 푸는 사람등이다. 또한 인생4대사중 가장 중요한 결혼에 있어서 궁합을 보는 일에 대해서도 봐주는 사람이 제각각이다. 햇머리의 납음오행으로 보는 사람, 띠로 보는 사람, 오행으로 보는 사람 등 가지각색이다 보니 그야말로 복불복이다.

문제는 원리원칙을 지키지 않으면 상담자나 소비자가 함께 피해자가 되는 것이다. 한 예로 어떤 작명가가 악명을 지어 주었다고 하면 이름의 주인공에게 행운이 있을리 없다. 그럼 행운이 없는 것으로 끝나는가? 아니다 악명에는 반드시 불행이 따른다. 그럼 불행을 만나는 것으로 끝나는가? 아니다 악명의 주인공에게 불행이 따른 만큼의 불행이 작명가에게 적악(積惡)으로 쌓여서 작명가의 미래에 불행이 나타난다. 이것이 인과응보요 선악과다. 이것이 우주의 이치요 생명작용이다. 이름은 한 사람의 대명사요 기도문이다. 소리의 파장이 이 작용을 일으키는 것이다. 말이 나온김에 한 예를 들어보자.

유엔사무총장을 하고 계시는 "반기문"님의 성명을 풀어보자. 소리값으로 보아 인수다봉이 요 적성은 선생님이요, 운명이 약하다면 수다목부요, 운명이 강하다면 수중거목으로 천하를 내려다보는 형상이다. 우주변화가 이와 같이 작용하는 것이다.

다시 말하면 우주를 측량하는 잣대의 암호인 육갑을 바르게 알고, 바르게 풀어서 바르게 활용할 때 비로소 "조상의 빛나는 유산을 받았다" 가 되며 이 유산을 온전히 보존할때만이 우리들의 미래가 더욱 밝아지리라 믿는다.

김일부 선생님의 "정역"이나 정역을 풀어 쓴 한동석 선생님의 "우주변화의 원리"는 분명 한국이 낳은 음양오행학의 명작임에 틀림이 없다. 정역을 보고 이해를 못하면 우주변화의 원리를 보면 이해할 것이나 우주변화의 원리를 보고도 이해를 못한다면 六十甲子이야기를 보라.

六十甲子이야기는 정역과 우주변화의 원리를 읽을 수 있는 발음기호에 해당할 것이다.

六十甲子 이야기는 우주의 실상과 그 변화와 변화된 현상과 그 소리들을 전해 줄 것이다.

六十甲子 이야기는 100억광년의 광활한 우주를 자질해 보는 잣대이며 기준이며 바닷물을 되질해 볼 수 있는 됫박이다.

차 례

머릿글 …… 4
들머리에 …… 12

제 1장 우주는 하늘과 땅이다
1. 우주관 …… 16
2. 우주운동 …… 18
3. 우주를 읽다 …… 20
4. 우주의 변화 …… 21
5. 인간은 소우주다 …… 23

제 2장 우주를 읽는 부호
1. 현인류는 지구상의 6대손이다 …… 26
2. 타임캡슐을 발견한 한민족 …… 28
3. 읽어버린 역사의 슬픔 …… 30
4. 우리의 아리랑과 강강수월래 …… 32
5. 마음과 생각 그리고 정신 …… 34

제 3장 음양과 오행

1. 음과 양은 무엇인가? …… 36
2. 우주를 분석하다 …… 37
3. 하늘을 측량하다 …… 38
4. 땅을 측량하다 …… 40
5. 말뚝을 박고 울타리를 쳐라 …… 42
6. 솟대를 세우다 …… 46

제 4장 干支의 변화(우주운동)

1. 하늘을 보고 땅을 보다 …… 48
2. 건곤감리(동서남북) …… 51
3. 춘하추동(四時변화) …… 54
4. 운기의 실상 …… 67
    9궁팔풍도 …… 68
    천문방각도 …… 68
    六十甲子 운기공식 …… 69
    六十甲子 운기해설 …… 70

제 5장 변화의 역사

1. 8괘의 변화 …… 81

2. 四物놀이 …… 83

3. 우리말의 모양과 소리 …… 85

4. 역사는 칼잡이의 기록이다. 그리고 살아있는자의 기록이다 …… 92

5. 삼촌이 조카 장짐 나른다 …… 94

6. 역사에 속고 현실에 울고 …… 95

　　5행, 5행 용사, 8괘의 원리, 9주8정과 장기판,

　　윷판28숙과 북극성, 천부경(바둑판), 8조지교 …… 97

7. 꿈꾸는 한민족 …… 107

제 6장 실상

1. 1일의 변화 …… 111

2. 한달의 변화 …… 113

3. 1년의 변화 …… 113

4. 60년의 변화 …… 114

5. 8자모양 지구의 기상 …… 115

제 7장 주역

64괘의 변화 약설 …… 120

글을 마치고 …… 160

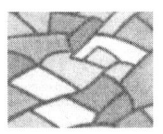

들머리에

生命論
形象이 有하고 動 또는 靜하되 其內部 氣血이 有하고 作用하니 有而保存하고 其生과 命을 遺傳하여 代代永生이라

人體氣血論
人體는 氣와 血이 動하므로 生이요 止하므로 死이니 人間은 生老病死之中이라

氣의 主體는 心臟이요 血의 主體는 腎臟이다. 心半風이요 腎半重이라 健卽 心腎和하고 病卽 心腎反이니 和卽 水昇火降하고 反卽 火昇水降이다.

水火論
水火는 宇宙生成之本이요 生命之根이라

水根腎이요 火根心인데 水一火二에 心一腎二는 心依腎하고 腎依心이라 心本天中太陽이요 腎本之中海洋이니 其中 生居氣在라

心身論
身과 心은 一體이나 心家之身이라
心本卽身이요 身運卽 心이니 身無無心이요 心無有身인 卽 生之身本이라 心卽出歸身하고 身卽出歸命한다.

宇宙理致論
宇宙理致에는 物理와 生理가 有한즉 物理와 生理는 本反이라 觀物理는 水降火昇之本이요. 靜運定數하고 觀 生理는 水昇火降之本이요 動命不定數라 物理之形은 兩儀四象이요 生理之形은 太極克生이다.

마음과 生覺과 精神論
마음은 事物에 對한 生命體의 無形的 反應의 發見이며 生覺은 其 反應의 定理된 發現이며 精神은 客觀的으로 다듬어지고 定理된 習慣된 目的指向의 發現이다.
其實體는 物質을 消費하는 氣作用으로 肉眼으로는 難見할 뿐이다.

陰陽五行論
陰陽五行은 본래 宇宙의 尺度이자 이치를 밝히는 符號이다. 즉 陰은 實體로서 存在하고 陽은 無實體로서 존재하며 五行은 金木水火土로 물질의 본질을 의미하며 이를 陰陽으로 분석한다. 음의 실체는 땅(地)이며 양의 실체는 하늘(天)이다.

十干十二支論
干支는 천지를 등분하고 일월의 이동변화를 관측 其週期를 표현하는 符號이다.
론하되 천운 갑(甲)・을(乙)・병(丙)・정(丁)・무(戊)・기(己)・경(庚)・신(辛)・임(壬)・계(癸)로서 십간이라 하고 우주운행의 공식으로 정하고 지기준 자(子)・축(丑)・인(寅)・묘(卯)・진(辰)・사(巳)・

오(午)・미(未)・신(申)・유(酉)・술(戌)・해(亥)는 십이지라 하며 생명운동의 공식으로 정함이다.
　干支의 離合集散으로 宇宙變化를 測量하고 天地調和를 讀한다.

四時論
　년중에는 環四時가 有하니 一二三이 初時이니 春이라하고 次時는 四五六으로 夏라 하고, 中時는 七八九로서 秋라하고, 終時는 十 十一 十二로서 冬이라 하며 節에는 二十四 有하며 七十二遁하고, 日에는 三百六十五 有라 또 日에는 晝夜 二十四時在하며 이를 時日月年週期라 稱한다. 晝夜는 東西가 相異하고 四季는 南北이 相異하다.

四方位論
　四方之時 日出東이요 日沒西라 右東左西時 頭上北이요 足下南이라 異名으로는 東靑龍卯方이요 西白虎酉方이요 南朱鵲午方이요 北玄武 子方이라

宇宙根本尺度論
　宇는 空間이요, 宙는 時間이요, 宇宙萬物의 根本尺度는 氣始人이요 自己라 宇宙尺은 地球요, 萬物尺은 人이요, 小尺은 手指間이요 中尺은 步行間이요 大尺은 身長이다.
　宇宙中 太陽系요 太陽系中 地球요, 地球中 東洋이요 東洋中 韓國이요, 韓國中 道,郡,面,里,部落,家,我本尺이다.
　(天地가 開闢해도 내 고뿔만 못하다)

六(肉)親論
　六親은 三寸內의 親함을 稱하니 我基準 父母子息 祖父母叔父母 姑父母 外祖父母 外叔父母 妻父母라 我生子孫이요 我克妻財요 生我父母요 克我之官이요 我比兄弟이니라

意識論
意識의 有無는 人間生死의 現象이다. 生은 有요 死는 無다. 즉 有는 生이요 無는 死이다.

認識論(知識과 認知)
認識의 有無는 身體에 의하여 流動的 變化가 有하니 客觀과 主觀이 相異하다. 完成과 未完成 男女 青老 東西 南北 地域慣習 등에 따라 다를 수 있다.

欲心論
欲心은 人間愛憎의 發露이다. 好緣曰 親이요, 惡緣曰 憎이니 有物之佑 愛요 無物之有나 無物之佑는 過요, 有物不佑는 吝嗇이요 有物之分은 兼이라 愛憎無心이나 小私寡欲은 之平이다.

時節論
때(時)를 아느냐? 철(節의 清音 又 節의 된발음, 센발음)이 들었느냐? 하는 질문은 이치의 지부다. 만물의 영장으로서 최소의 능력을 갖추었는가 또는 스스로 삶을 누릴 수 있는 智慧가 열렸는가(깨달았는가)를 묻는 것이다.

여기서의 때(時)란 시간의 概念으로서 일어날 때 밥 먹을 때 일할 때 잠잘 때 말할 때 움직일 때 나갈 때 들어올 때 물러설 때를 의미한다. 즉 일상의 時間概念이요 철(節)은 年中의 시간개념으로 논 밭갈 때 씨 뿌릴 때 김 멜 때 추수할 때 월동준비나 짝지을 때 인사할 때 體面가릴때를 의미한다.

道理道理, 智開智開 ㅣ 智 ㅣ 智(곤지곤지) 智暗智暗 作子宮作子宮 짝짝꿍 짝짝궁(兩宮)

제 1장
宇宙는 하늘과 땅이다
(時間과 空間이다)

1. 宇宙觀

1. 吾
2. 地球
3. 太陽系(약20억km)
4. 銀河系(약10만광년)
5. 銀河群
6. 銀河團
7. 超銀河團
8. 局部超銀河團(4억광년)
9. 宇宙(100억~300억광년)?

빛이 공간을 달리는 속도는 1초에 30만km를 달린다고 한다.

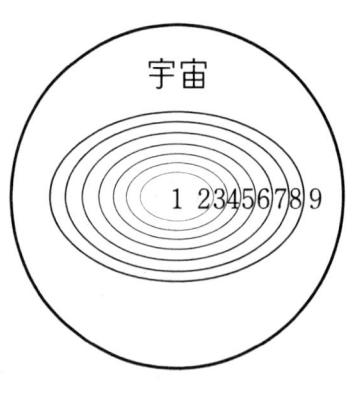

지구둘레가 약4만km로 빛은 지구를 1초에 일곱(7)바퀴를 돌고도 반바퀴를 더 도는 셈이다. 일반적으로 우리나라 고속도로에서 자동차가 시속 100km를 달린다. 물론 제한속도를 무시하면 200km정도는 달릴 수 있다. 시속 100km의 자동차 속도를 초로 바꾸면 약28미터를 달린다. 육상경기에서 100m를 달리는 최고선수의 약 3배 빠르기이다. 그럼 빛은 자동차의 몇배나 빠를까? 약 100만배 이상의 빠르기이다.
　宇宙는 이러한 빛의 속도로 이쪽에서 저쪽까지 100억년을 달려야 하는 무한광활한 공간이다. 이를 두고 우리 조상님들은 九天世界라 하였다.
　宇宙는 하늘과 땅이고 시간과 공간을 의미한다. 宇는 공간이요 宙는 시간을 뜻한다. 考로 宇는 하늘이고 宙는 땅이다. 九天世界를 바꾸어 말하면 球天世界이다.
　즉 우주는 공처럼 둥글어서 어디가 시작이고 어디가 끝인지가 없다. 이를 두고 天符經에서는 一始無始一이요 一終無終一이라 했다. 一析三極無는 吾是彼로서 나와 이것과 저것인데 인식일뿐 實體가 없다는 뜻이다. 다시 말하면 三極은 天人地요 나와 북극과 남극이요 나와 동쪽과 서쪽이요 나와 하늘과 땅이라는 의미이다.

三極과 三災原理圖

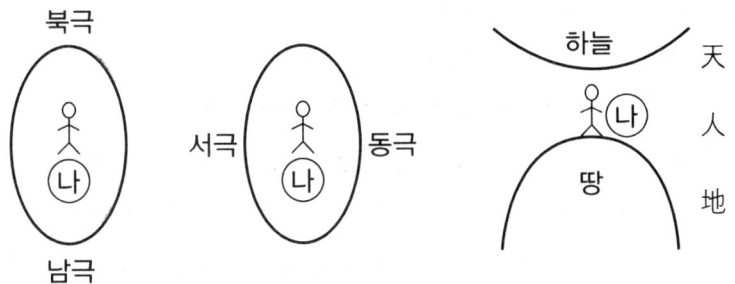

옛말씀에 千層 萬層 九萬層이란 말이 있다. 宇宙는 이처럼 겹겹이 쌓여 무한하게 널려 있다는 뜻이다. 10만 광년 넓이의 은하계 안에는 2000 억개가 넘는 별들이 모여 운동하고 있다. 이것이 宇宙의 현주소다.

2. 宇宙運動

우주는 무엇인가? 살아 숨쉬는 생명체다. 만약 우주가 生命體가 아니라면 인간도 살아 숨 쉬는 생명체가 아니다. 宇宙가 낳은 인간이므로 인간은 小宇宙인 것이다.

사람이 살아 있는 동안 1분1초도 쉬지않고 호흡하고 움직이듯 그 내부에서는 기혈운동이 일어나듯 運動을 멈출수 없는 존재가 우주다.

필자가 초등학교 다닐 때 풀리지 않는 수수께끼가 하나 있었다. 지구도 둥글고 태양도 둥글고 우주도 둥글다. 그리고 지구는 자전하므로 밤낮이 생기고 태양을 돌고 태양은 우주를 돈다. 그럼 지구가 태양을 한바퀴 도는 길은 원이다. 원의 각은 360°다 그런데 왜 365와 $\frac{1}{4}$이 될까? 하는 문제였다. 여기에 그 누구도 필자가 이해할 수 있도록 설명해주는 사람은 없었다. 이 수수께끼가 필자로 하여금 宇宙에 관심을 갖도록 하고 또 이글을 쓰는데까지 유도를 한 셈이다.

그림에서처럼 지구가 태양을 한 바퀴 도는 데는 360일이 걸린다. 그러나 태양도 또 다른 은하계 중심회전으로 축점이 이동하고 그 이동점까지가 5.26일이 더 걸린다. 이것이 365.26일이 생겨난 원인이다.

道家의 원조로 알려진 黃石公氏가 七十二遁을 했다는 이야기가 전해진다. 어떤 원리로 인간이 일흔 두 가지 둔갑술을 펼칠 수 있었는지에 대하여 어려서부터 꽤나 많은 시간을 소모했다. 어려서 어른들의 말씀을 듣기로 어느 날 황석공씨가 길을 가는데 냇가 모래밭에 콩을 심는 노인을 보고난 후 하늘의 기운(天氣)을 살펴보니 그해 땅에 뿌리

지구와 태양의 운동

태양궤도(지구가 태양을 돌 듯, 태양은 은하계의 또다른 모성을 돈다)

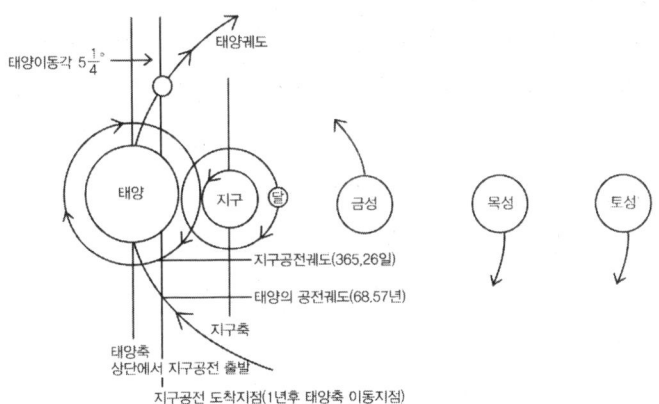

는 비의 양이 서말서되라 그는 노인을 골탕먹이려고 옥황상제를 만나 비를 한되만 늘려달라고 부탁했다고 한다. 옥황상제가 그 부탁을 수락하므로서 노인이 냇가에 심은콩은 냇물에 씻겨 사라져 버렸다고 한다. 진짜 그럴수 있을까? 옥황상제는 진짜 있는가? 필자는 어렸을 적 이런 저런 고민이 참으로 많았던 것 같다. 小白大悟後 이 이야기를 정리해보니 일흔두가지 둔갑술이 아니고 七十二候를 깨달으라는 우주의 이치를 이야기한 내용이었다.

다시 말하면 황석공씨는 뛰어난 기후관측관(오늘날 일기예보)이었던 셈이다. 즉 5일은 一候라 하는데 七十二候는 360일이다. 여기서도 5.26일이 무시되고 있다. 一候가 3회 모이며 24절기의 一節이 되고 一節이 삼회 모이면 一期가 되며 一期가 2회 모이면 1/4時(四時四節)가 되고 一時가 4회 모이면 비로소 一年이 이루어 진다 이것이 우주운동의 꿈틀운동(기초운동, 준비운동)이다.

3. 우주를 읽다

여기서 굳이 천동설이나 지동설을 이야기할 필요는 없을 것 같다. 우주의 이치를 설명함에 있어서 관성의 법칙을 적용하면 같은 결과를 낳기 때문이다. 즉 독자들의 혼란을 막기 위하여 천동설형식을 빌리면 설명도 쉽고 이해도 빠를 것이기 때문이다.

앞에서 밝혔듯이 우주는 넓고도 넓으며 둥글고도 둥글다. 따라서 우주 어디에도 기준을 둘곳이 없다. 우주를 재든지 우주를 읽든지 기준이 있어야 할 것이다. 그 기준이 나로부터 시작하여 지구 태양하는 순으로 읽어 나간다. 이러한 연유로 과거의 과거를 끌어다 표현한 내용이 혼돈(무극)이다. 혼돈을 태허라고도 한다. 다음에 하늘과 땅으로 갈라지니 태초다. 태초가 밤과 낮으로 변화를 일으키니 태시가 되고 이를 음양이라 한다. 천지와 음양변화가 일어나니 비로소 세상에 생명이 출현하게 된다.

우주의 생성도

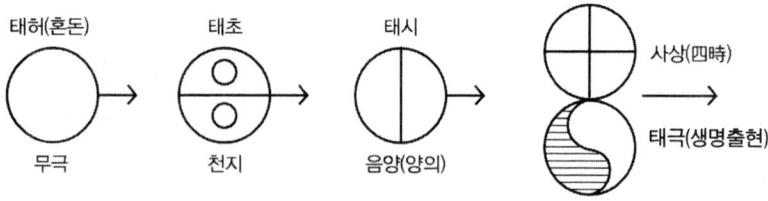

우주에 하늘과 땅이 갈라지고 밤과 낮이 나타나고 사계와 생명이 발현하니 우주는 새로이 급변하게 된다. 이 현상은 마치 정자와 난자가 만나 수정되고 착상되어 280일만에 60조의 세포로 분열하는 이치와 같다. 최초의 정자와 난자는 각각 감수 분열된 23개씩의 염책체가 만나 60조의 세포로 분열될 수 있는 물리학적 공식은 없다. 이 같은 변화는 오로지 생명학적 변화공식 뿐이다.

여기서 물리학과 생명학의 개념부터 정리해보자 생명체에서의 수화기류는 수승 火降하므로서 생명을 유지 보전한다. 늙는다거나 병든다는 것은 화기와 수기의 흐름이 물리적 개념으로 바뀌어 간다는 뜻이다. 즉 자연(물질)회귀다.

물리학과 생명학의 개념도

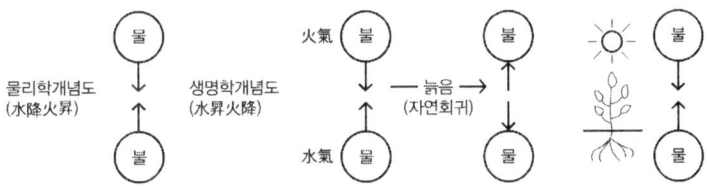

4. 宇宙의 變化

宇宙는 太古的부터 영원미래까지 운동한다. 이 운동과정에서 변화가 일어나고 지구가 생성하고 다시 물질의 변화에 맞추어 생명이 발현한다. 생명체의 발현은 환경조건과 순서에 의한다. 풀, 나무, 초식, 육식, 인간이 그것이다.

月運動과 日運動

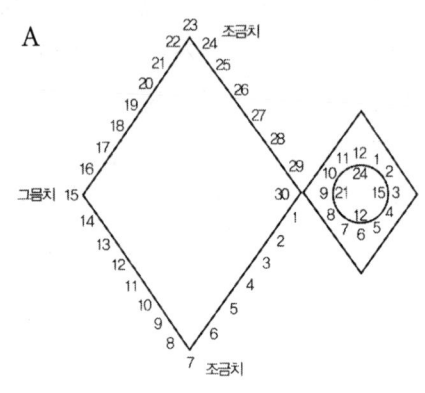

日月運動과 地上의 變化
地上氣候와 潮水
조금치와 그믐치
밀물과 썰물
썰물(바닷물 다빠짐) 오후3시(다시 밀물시작)
오전9시에 빠지기 시작
　과학의 역사에서는 천동설과 지동설 진화론과 창조론 등이 있다.

정확하게 표현한다면 天地同動說이 맞을 것이다. 그럼 왜 하늘이 움직이는 것처럼 느끼게 되는가? 그것은 뉴턴의 제1법칙처럼 우리 인간이 지구대기권에 갇혀 있기 때문이다.

그림A는 한달에 두 번 일어나는 조금치와 두 번 일어나는 그믐치이

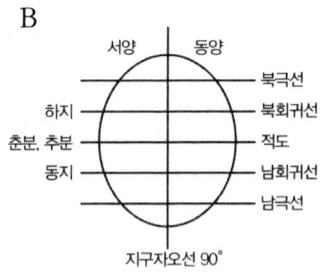
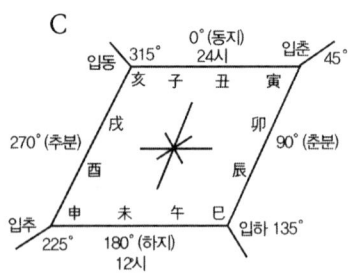

며 옆에 혹처럼 붙어있는 작은 그림은 하루 두 번 일어나는 밀물과 두 번 일어나는 썰물의 표시다.

그림B는 태양광이 지구위를 비추는 모양이다. 그림C는 그림B를 한국학적으로 표현된 그림이다. 이것이 우주(태양, 지구, 달)가 운동하며 일으키는 변화의 실제 현상이다.

5. 人間은 小宇宙다(나는 76억:1이고 당신은 76억분의 1이다)

宇宙는 생명을 낳고 인간을 낳았다. 고로 인간은 우주를 닮아 人體는 소우주다. 따라서 인체를 알면 우주를 알게 되고, 우주를 알면 인체를 알게 되는 원리가 바로 宇宙의 理致다. 宇宙와 小宇宙의 닮은꼴 관계를 살펴보면 대략 다음과 같은 공식이다.

우주에는 天地가 있으니 인간에게는 男女가 있고
우주에 陰陽이 있으니 인간에게는 雌雄(자웅)이 있고
우주 物性(물성)에 五行이 있으니 人體手足에는 五指가 있고
우주에 四時가 있으니 인간에게는 四端(4단: 희노애락, 측은, 수오, 사양, 시비)이 있고
천지에 七常(雨露雪霜風雲霧)이 있듯 인간에게는 七情(희노애락애오욕)이 있고
하늘에 雷電(뇌전)이 있듯 인간에게는 喜怒(희노, 선악)가 있고
하늘에는 雨露가 있듯 인간에게는 涕泣(체읍)이 있고
하늘에 晝夜가 있듯 인간에게는 悟昧(오매)가 있고
하늘에 日月이 있듯 인간에게는 두눈이 있고
하늘에 瑞光이 있듯 인체에는 생명이 있고

하늘에 무지개가 있듯 인체에는 七瀉(7사)가 있고
하늘에 일월의 出沒이 있듯 인체에는 口肛이 있고
하늘에 五運이 있듯 인체두부에는 五管이 있고
땅에 六氣가 있듯 인체에는 六根(耳目鼻舌身意)이 있고
天地에 四方이 있듯 인체에는 四肢가 있고
하늘에 七星이 있듯 인체에는 頭七竅(두칠규)가 있고
하늘에 九星이 있듯 인체에는 九竅가 있고
천지에 八風이 있듯 인체에는 八節(다리관절3, 팔관절3 목(대관절), 허리가 있고
하늘에 12時가 있듯 인체에는 12경락이 있고
하늘에 24절기가 있는 것처럼 인체에는 24椎(요추5, 흉추12, 경추7)가 있고
태양속에 물이 있듯 머릿속에는 뇌수가 있고
지구속에 불이 있듯 가슴속에 심장이 있고
지구에는 5대양이 있듯 인체에는 5장이 있고
지구에는 6대주가 있듯 인체에는 6부가 있고
지구에는 하천이 있듯 인체에는 혈관이 있고
지구에는 초목이 있듯 인체에는 모발이 있고
지구에는 금석이 있듯 인체에는 이빨이 있고
지구에는 흙이 있듯 인체에는 皮肉이 있고
지구에는 조수가 있듯 인체에는 동맥과 정맥이 있고
지구에 만생명이 살 듯 인체에는 萬種의 세균이 살고 있다.

이를 소우주라 함이다. 이는 인간이 천지조화로 천지와 같은 性稟을 받았음이니 四大(天, 地, 日, 月)로 인한 五常을 갖춘 형상이 곧 小

宇宙인 사람이다. 바꾸어 말하면 天(父)地(母)의 이목구비와 성품을 받아 자식이 태어나니 자식의 이목구비와 성품 또한 天地(父母)와 같다는 뜻이다.

제 2장
우주를 읽는 부호

1. 현 인류는 지구상의 6대손이다.

세상의 이치는 원시반본이라 했다. 현재 우리가 살고 있는 지구상의 세계는 과학적, 고고학적 분석에 의하여 6대째의 인류라고 한다.

우리는 옛날 옛날부터 전해져 오는 전설들을 기억할 것이다. 예를 들면 "석달열흘장마" "7년 대한(大旱)의 가뭄" "七國이 물에 잠기다" "강태공의 전80 후80" "조선은 남매국이다" 라는 이야기 들이다. 이러한 이야기들은 인류가 멸망할 수 밖에 없는 조건들이다. 인류가 많아지고 과학이 고도로 발달하여 그 형태가 극에 이르면 인류가 멸망하고 다시 원시인으로부터 새출발한다는 뜻이다.

태양도 한낮에 이르면 기울기 시작하고 달도 만월(보름달)이 되면 이지러지기 시작한다.

음지가 양지되고 양지가 음지 된다. 桑田이 碧海된다. 子에서는 一陽始生하고 午에는 一陰始生한다. 이러한 이야기들도 宇宙의 理致를 설명하는 토막이야기가 아닌가 싶다 한 예로 전하기를 강태공씨는 삼천갑자(三遷甲子) 동방삭(東方朔)과 같은 장수인으로 통하는데 동일인인지 동명이인지는 확실하지 않다. 이름하여 강태공씨는 세상이 물에 잠겨서 인류가 멸망할 것은 알고 있었다고 한다. 문제는 언제 물에 잠길지를 몰라서 이곳저곳 사람들이 많이 모이는곳이면 어디든지 찾아다녔다고 전한다. 혹시나 이러한 때에 살수 있는 사람이 단 한명이라도 있을 것이라고 믿었기 때문이다. 그러던 어느날 어느 시장에서 젊은이 한 사람의 관상에서 생기가 넘쳐나는 기운을 느끼고 그 젊은이를 따르기 시작했는데 한참 시장구경을 하고 나서 어딘가로 나서기로 열심히 따라갔는데 한참을 정신없이 따라가는데 그 젊은이가 한번 뒤돌아 보더니 하는말 "살고 싶거든 빨리 오너라" 하면서 휘적휘적 산으로 향하더라는 것이다. 한편으로는 새파랗게 젊은놈이 말을 함부로 한다 싶었지만 시비할 계제가 아니었으므로 열심히 따라가는데 한참 산을 올라 가다가 8부 능선 쯤에서 바위에 걸터앉아 바지가랑이를 걷는 모습을 보고 뒤돌아보니 저 밑에서 물이 차오르는데 어찌나 겁이 나는지 9부 능선까지 뛰어가서 뒤돌아보니 그 젊은이는 차오른 물에 발을 씻고 있었다한다. 그토록 무섭게 차오르던 물은 그곳에서 멈추고 다시 물에 빠지기 시작하는데 그 젊은이는 어디론가 사라지고 없었다고 한다. 그때 강태공씨 나이가 80살이었고 그 이후 다시 80년을 더 살았다고 해서 강태공씨를 말할 때는 전80 후 80이란 말도 함께 따라다닌다고 한다.
　한 예로 조선이 남매국이라는 것이다. 어느 날 곱단이와 단이라는 남매가 잠(가사상태에서 몇일 인지 몇100년인지 알 수 없는 시간)에서 깨어나 보니 세상은 온데 간데없고 남매만 있더라는 것이다. 이들 남매는 매일 사람의 흔적을 찾아 헤메었는데 너무나 지친 나머지 단이 누나 곰단이에게 말을 꺼냈다. 우리가 이처럼 많은 시간을 헤메어도 사람 그림자를 찾을 수 없으니 우리끼리 부부의 연을 맺고 사는 것이 어떻겠느냐?고 물었다 그래 누나는 너의 결정을 따를테니 어떻게 하면 되느냐고 물었다. 그래 단이 하는 말 누나는 저 산으로 올라가고 나는 이쪽 산으로 올라가서 불을 피우는데 그 연기가 (이산 저산에서 피우는 연기) 하늘에서 서로 만나면 부부의 연을 맺고 만약 그 연기가 서로 만나지 않으면 어딘가에 사람이 살아 있다는 뜻이니 다시 힘을 내어 사람들을 찾자고 제안을 했다. 그래서 각기 산으로 올라가 불을 피우는데 연가기 서로를 찾아가듯 만나 하나로 합쳐지니 이것은 天生緣分이라 이는 하늘이 부부의 인연을 인정함이라 이날부터 부부의 인연을 맺고 아들 낳고 딸 낳고 살았으니 이것이 제6대 인류의 시작이요, 원시시대의 시작이다. 이때부터 인구가 늘어나고 시간이 흘러 드넓은 아시아대륙에 역사가 시작된 것이다.

이를 이름하여 조선은 남매국이라고 전하는 구전역사의 전설이다.

2. 타임캡슐을 발견한 한민족

곰단(곰례)이와 단은 5대 인류의 말손(末孫)으로 5대 인류가 사용하던 문자를 그대로 사용하였으니 지필묵이 사라진 관계로 나름대로 개발한 기록기술이 죽간이다.

자손들중 장자가 그 기록을 맡고 여기저기로 흩어진 자손들은 구전역사를 형성하게 되는데 그 구전역사가 당골(단군)의 주문(呪文)이다. 즉 장자는 문자를 배워 역사를 기록하고 부족을 이끌었으니 단군대한(檀君大韓 또는 大汗) 곧 큰당골이다. 그리고 자손들중에 무리를 이끌고 다니는 리더를 애기당골이라 하였다. 이 애기당골은 일년이면 1회, 4회, 12회의 종류로 나누어 장자순례를 하였으니 오늘날 티벳불교 순례의 형식이다.

불교의 부처에는 고불과 석가모니불, 미륵불이 3존불인바 고불은 옛날부처로 비로자나불 또는 대일여래라 하고 석가모니불은 현세불이며 미륵불은 미래에 등장할 부처를 일컫는다.

부처란 깨달은 자의 명칭이다. 여기서 고불은 환웅과 환인이다.

불상의 모양이나 경배의 방법, 형식등은 시간과 지역에 따라서 각기 변화를 겪으므로서 오늘날의 다양한 불교문화가 형성된 것이다.

이처럼 한민족의 역사는 장구하다. 그러므로 많은 문화유산과 그 기록들을 보존하고 또한 타임캡슐을 발견하고 온고이지신을 실현하므로써 찬란한 문화의 꽃을 피우게 된다. 그러나 달도 차면 기운다는 이치를 벗어날 수는 없었다. 치우천황을 끝으로 대주선인국(대주조선)의 막을 내리게 된다. 그나마 짜집기전 역사를 살펴보면 한문(우리말의 모양과 소리중 모양글-필자)은 기원을 찾을수가 없고 그나마 한글(우리말의 모양과 소리중 소리글)은 대주선인국3대 가륵단군때 38자의 한글(모음10, 자음28)이 있었음을 보여준다. 그럼 왜 한글이 사라져 버린 것일까?

그리고 사라져 버린 한글의 문법을 세종대왕시절 복원하게 된 것일까?

15세기 까지만 해도 세계에서 제일가는 문명국가요 과학적으로도 타국의 추격을 불허했던 선진조선이 20세기 중반에서야 기지개를 켰으니 무려 십갑자를 잠에 취해 있었던 것이다.

이제부터라도 몽환적 환상에서 벗어나 주체적 대한의 새역사를 창조해야 할 것이다.

그러기 위해서 아시아 대륙의 장자라는 이미지를 찾고 긍지를 갖기 위해서라도 한국철학의 근원을 밝히는 일과 한국인이라면 누구나가 한문도 한글처럼 쉽게 익히고 인지할 수 있는 방법이 있어야 할 것이다. 우리가 우리것을 모른다면 어떻게 되겠는가? 한심천만한 일이 아니겠는가! 오늘날에도 우리것을 우리가 활용하지 못하고 밖으로 내몰아 역수입하는 일들이 비일비재하다. 거시적 안목이 필요하다. 세치 앞도 못 보면서 등잔 밑이 어둡다고 탓만 할일이 아니다. 어두운 등잔 밑이라도 볼 려고 하는 노력이 필요하다.

사실이지 내가 나를 모르면서 무슨 방법으로 세상에 나가 나를 프리젠테이션할 것인가?

내가 나를 모르면 세상의 그 어떤 지식도 그 어떤 모임에서의 대화도 불가능하다. 가끔씩 모임에서 대화를 하다보면 아전인수격인 사람들을 만나게 된다. 객관성이 없고 자신도 모르고 자신의 주장이 얼마나 어리석은 주장인지 삼척동자도 고개를 흔들만큼의 주장을 하는 지위나 체면에 맞지 않는 황당한 사람들을 자주 본다.

속담에서처럼 입다물고 있으면 중간이라도 갈것이것만 한소리 한다는 것이 그만 스스로 외톨이가 되어버리는 것이다.

3. 잃어버린 역사의 슬픔

우리 민족은 언제부턴가 약자가 살아남는 비결을 터득했다. 이름하여 事大主義思想이다. 우리것은 무조건 천시하고 미신시하며 강대국을 무조건 기준하는 약자생존의 비결이다. 우리 속담에 "아저씨(아재비) 못된 것 조카 장짐진다"라는 말이 있다. 가난한 아저씨가 부자로 사는 조카의 장짐(쇼핑한 물건)을 짊어지고 하인노릇하면서 끼니를 때우고 살아간다는 뜻이다. 이러한 사대주의의 사상적 근원을 더

듣어보면 고조선 말 치우천황의 실권으로 춘추전국시대가 열리고 각 지역에서 왕이나 황제라고 칭하는 무리들이 나타나게 된다. 이들은 3일천하에서부터 시작하여 3개월, 혹은 3년, 혹은 30년의 권력을 휘두르다가 하루 아침 이슬로 사라지기를 대략 500~1000년간 반복된다. 이때에 나타나는 백가쟁명이나 합종연횡, 공자, 맹자, 노자, 장자, 묵자, 오자, 손자 등 기라성 같은 영웅호걸들이 나타나 권력을 잡고 세력을 넓히는데 사력을 경주하게 된다. 따라서 여기서 진시왕이라는 걸출한 인물이 성악설을 주장한 순자의 제자 이사를 만나고 진시왕의 생부인 여불위의 프로그램에 의하여 BC250년경 천하통일의 대업을 이루게 된다. 이때 법가의 중심이었던 이사의 간악함과 여불위의 허영심에 의하여 사상초유의 대사건을 일으키게 되는데 이름하여 분서갱유(焚書坑儒)라고 한다.

분서갱유의 실체는 기득권 세력을 없애고 역사의 기록을 없애므로서 여불위와 이사가 대륙의 역사에 주인공이 되는 것이었다. 20세기에 들어 중국에서 발견했다는 진시황묘는 새빨간 거짓으로 진짜는 고조선의 천황묘다. 간단히 그 이유를 설명한다면 어느날 이사가 천황묘를 발견하게 된다. 이사는 그시대 최고의 권력재력을 가진 진사왕의 생부인 여불의를 꼬득여 여불의와 자신의 표석을 천황묘속에 넣는다. 그리고 선비촌(鮮卑村):천손의 장자 자손(왕족, 귀족 등)들이 모여 살던 고을 이름 그리고 그 자손들이 역사기록등을 보관하였다)이라는 고을 사람들을 모두 생매장 시키고 그들이 보관하고 있던 역사 기록물들을 몽땅 불에 태워 없애는 사건이 그 이름도 유명한 분서갱유다. 그리고 요순우탕이라는 역사를 짜깁기하기에 이른다 지금도 중국은 그 일환들의 작업을 계속하고 있다.

중국 역사상 가장 내세울만한 내용이 漢나라 400년 역사다 이 역사를 바탕으로 漢族(한족)이라 자칭하고 여타 민족들을 모두 오랑캐라 명칭하게 된다. 그럼 우리는 누구인가? 우리는 천손으로 그리고 장손의 일부가 우랄알타이산맥을 넘어서 산좋고 물좋은 신선토(신선들이 살만한 터)를 찾아서 정착한 곳이 韓半島이다. 이곳에 분서갱유시 선비촌을 탈출한 유민들이 합세하여 고구려라는 나라를 세우고 끊임없이 본토회복을 위한 전투를 벌인다. 물론 본토에도 장손들이 흩어져 알게 모르게 존재하고 있다. 우리는 이러한 역사의 소용돌이 속에서 치우천황 이후 3000년이라는 기나긴 시간동안 약소민족이라는 미명 아래 적자생존의 묘안을 찾아 습관된 철학이 사대주의 사상이다. 안타깝고 슬픈일이다.

여기서도 대표적인 예가 친당파, 친몽파, 친청파, 친원파, 친소파, 친미파 등이다. 이러한 세력들에 의하여 나라가 다스려지고 파당의 세력이 바뀔때마다 복수의 칼날들이 번득이는 악순환의 반복고리가 지금까지도 이어지고 있는 현실이 너무나 가슴 아프다.

4.우리의 아리랑과 강강수월래

아시아대륙을 호령했던 韓民族이 분서갱유라는 폭탄을 맞고 天地四方으로 흩어진 파편들이 여기저기 나뒹굴고 있다. 我離郞이나 江崗汙越來가 한민족의 민요임에는 틀림이 없으나 그 유래가 사라진채 여기저기서 발길에 차이고 있다. 한국을 대표하는 국문학자들도 민속학자들도 모두다 장님이요 벙어리 흉내를 내고 있다.

이처럼 우리의 조상님들은 남녀가 만나고 헤어지는 사랑과 이별가에도 광대무변한 宇宙의 理致를 담고 있다. 다시 말하면 생활속의 이야기로 우주의 이치를 설명하고 깨우치도록 배려했다는 점이다. 이러한 우리몸의 파편들이 천지사방에 흩어져 있다. 그 조각들을 모으고

我離郎(娘): 이별가

아리랑 아리랑 아라리요
아리랑 고개로 넘어간다.
나를 버리고 가시는님은
십리도 못가서 발병난다.
아리랑 아리랑 아리리요

아리랑 고개로 넘어간다
십오야 밝은달 구름속에 놀고
28이라 새큰애기 내품에서 논다
아리랑 아리랑 아라리요
아리랑 고개로 넘어간다

江崗汙越來: 사랑가

강강수월래 강강수월래
하늘에다 베틀놓고
　　　　　강강술래(수월래)
일광단을 짜오리까 강강술래
월광단을 짜오리까 강강술래
무지개로 다리놓고 강강술래
견우님이 부를때에 강강술래
직녀님이 부끄러워 강강술래
구름속에 숨었는데 강강술래
용왕님과 옥황상제 강강술래
금지옥엽 용궁공주 강강술래
일월성신 동궁왕자 강강술래
하룻밤에 만리장성 강강술래

억지이별 웬말인가 강강술래
흘린눈물 빗물이라 강강술래
칠월칠석 조금치는 강강술래
천년만년 이어지고 강강술래
사랑사랑 내사랑아 강강술래
낭군낭군 내낭군아 강강술래
이제가면 언제오나 강강술래
三四成環 다시온다 강강술래
사랑사랑 내사랑아 강강술래
낭군낭군 내낭군아 강강술래
이제가면 언제오나 강강술래
789에 돌아온다 강강술래
江崗汙越來 江崗汙越來

모아서 21세기의 미래를 프로그램하고 모자이크 해야 한다. 한민족의 크고 밝고 높은 지혜를 하나로 모아서 인류를 행복하게 해야 한다. 이러한 목적의식이 우주를 읽는 진정한 의미일 것이다.

5. 마음과 생각 그리고 정신

우리들이 일상을 살아가는 易問難答이 있다.

인생은 무엇인가?

사람은 무엇인가?

나는 누구인가? 와 같이 쉬운 질문에 답은 어렵다. 이처럼 누구나 매일 거리낌없이 사용하는 마음과 생각, 정신도 같은 입장이다. 막상 마음이 무엇이냐?고 물으면 당신은 무엇이라고 대답하시겠습니까? 혹시 미리 준비된 답은 있습니까?

마음은 생명이다. 그래서 心이라는 모양글을 쓴다 心은 심장을 그린 그림에서 그 형상을 취했다. 생명은 본능만 존재할 뿐 꾸밈은 없다. 그래서 마음은 환경에 물들지 않는 한 순수하다.

그럼 생각은 무엇인가? 생각이란 이미 내안에 저장된 정보와 새로운 상황에 대한 비교분석이다. 그러므로 같은 내용, 같은 상황일지라도 사람마다 생각이 다를 수 있다. 어떤 사람은 이기적 생각을, 어떤 사람은 상대적 생각을, 어떤 사람은 객관적 생각을, 또 어떤이는 동문서답식 생각을 하기도 한다. 그럼 내안에 정보가 없는 사람은 어떻게 하는가? 난생처음 보거나 금시초문인 경우는 잠자코 있거나 대답을 미루고 정보를 수집하게 된다.

누구나 생각의 기준은 처음 입력된 정보다. 필요에 의해서 또는 우연히 들은 정보가 그사람이 생각하는 기준이 된다. 그러므로 정보의 정확성은 대단히 중요하다. 만약 틀린정보를 듣고 그 정보가 원칙인양 이야기 하다가 망신을 당하는 경우가 많다.

혹자는 처음 정보를 들었을 때 확인하는 사람이 있다. 그 사람이야말로 객관성을 갖추었다고 말할 수 있다. 어떤 정보를 자신의 지식화하는 사람이기 때문이다.

　다음으로 정신(精神)은 무엇인가? 장인정신, 애국정신, 불굴의 정신, 봉사정신, 군인정신, 희생정신 등으로 표현되는 습관이다. 인생관이다. 천성(天性)이다. 정신은 이처럼 습관과 천성과 인생관이 하나로 정립된 사람이나 단체의 철학을 정신이라 말할 수 있다.

　그럼 한국철학은 무엇인가? 즉 한국철학이라 함은 한국인의 습관과 한국인의 국가관과 한국인의 천성을 이야기해야 한다. 한국인의 습관은 근면이다. 한국인의 국가관은 弘益理化다. 한국인의 천성은 착하다. 여기서 아직도 많은 사람들이 이해를 못하고 정확히 알지 못하는 부분이 한국인의 국가관이다. 부끄러운 일이다. 이글은 이 부분을 명확히 하고자 하는데 큰 목적이 있다. 단군이래로 단군의 개국이념이라 불리는 "홍인인간 이화세계(弘益人間 理化世界)라는 문구는 많은 사람들이 알고 있다. 그러나 그 뜻은 잘 모르고 있다. 안타까운 일이지만 분서갱유로 인하여 개국이념이 반토막으로 잘렸기 때문에 이해할 수 가 없었던 것이다.

　필자가 갑자년 삼매(三昧)에 들었을 때 우리민족 일만년 역사를 거슬러 올라가면서 빛나는 문구가 있어 살펴본즉 "同居同樂 弘益人間 相扶相助 理化世界" 였다.

　이것이 한민족의 개국시조인 단군임금의 개국이념이었던 것이다. 의미를 말하면 함께 살고 같이 누리니 누구에게나 다 이롭고 서로가 서로를 붙들고 도우니 지극(소박순수)한 세상(이상향)이다. 이것이 개국시조가 남기신 자손만대에 대한 염원이자 교훈이었던 것이다.

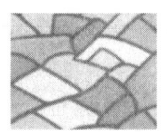

제 3장
陰陽과 五行

옛날1. 음과 양은 무엇인가?

옛날옛적에 하나의 우주가 있었으니 혼돈이라 하기도 하고 빅뱅이라 하기도 한다. 이러한 혼돈속에서 우주가 시간에 매달려 이합집산하는 과정에서 하늘과 땅이 분리되어 하늘은 양이라 하고 땅을 음이라 하였다.

하늘은 존재하되 만질수가 없고 멀리 있으니 저것의 근원이 되고 땅은 만질수가 있고 가까이 있으니 이것의 근원이 된다. 이를 天地玄黃 宇宙洪荒(천지현황우주홍황)이라 한다. 즉 우주는 넓고 크고 하늘은 가물가물하여 끝도 갓도 없으니 땅을 근본(기준)으로 삼는다. 日月盈昃辰宿列張(일월영측진숙열장)은 해와 달은 차면 반드시 기울고 별과 별자리는 창공에 널려 있다. 寒來暑往秋收冬藏(한래서왕추수동장)은 추위가 가면 더위가 오고 더위가 가면 추위가 오니 가을엔 거두어 들이고 겨울엔 저장한다. 閏餘成歲律呂調陽(윤여성세율여조양)은 한해한해 남는날을 윤달로 맞추고 우주의 법칙은 時와 음양을 조절한다. 雲騰致雨露結爲霜(운등치우로결위상)은 수증기가 올라 구름이 되고 구름이 극에 이르면 비가 되고 구름이 되지 못한 수증기는 이슬로 맺히고 서리가 된다. 이것이 우주의 대강이다.

사람들이 일반적으로 기준이 없는 陰陽二氣를 논하다보니 설하는 사람도 어줍잖고 듣는 사람도 이해를 못하고 어렵다고만 한다.

다시 말하면 음과 양은 하늘과 땅이다. 하늘은 있으나 잡을 수가 없고 저것이나 그것이되어 양이라 하고, 땅은 실체이니 이것이 된다. 그럼 남자는 무엇인가? 陽이라 한다. 陽인데 어찌하여 만져지고 이것이라 할 수 있는가? 사람은 땅의 소산(所産)인바 그 출발점이 음이기 때문으로 이를 일러 음중양양이라하고 女子는 음중양음이 된다. 그럼 달은 무엇인가? 양중음이다. 따라서 달은 분명 음이지만 만질수 없는 것은 그 뿌리가 양이기 때문이다.

이처럼 음과 양도 그 뿌리가 각기 다르니 그 뿌리를 밝히지 않으면 분별이 없어지고 분별이 없으면 그 학문이 애매모호하므로서 세상과 道가 함께 혼란을 겪는다.

2. 宇宙를 分析하다.

우리 조상님들은 우주를 하나의 생명체로 보고 다섯가지의 원소가 이합집산하면서 유기적 관계를 성립한다고 보았다. 여기서 생수와 성수가 생성된다.

天一生水(천일생수)

地二生火(지이생화)

天三生木(천삼생목)

地四生金(지사생금)

天五生土(천오생토)가 生數五이다(聖)

生數5가 一水를 만나 成數六이 되고

生數5가 二火를 만나 成數七이 되고
生數5가 三木를 만나 成數八이 되고
生數5가 四金를 만나 成數九가 되고
生數5가 五土를 만나 成數十이 된다(王)

이것이 우주가 열리고 천지가 생성되는 원리요 변화다. 이를 天地父母라 하고 敬天奉天이라하여 하느님을 받들고 공경하여야 함이다. 여기서 완성수 十은 宇宙를 뜻하고 시간과 공간을 의미한다.

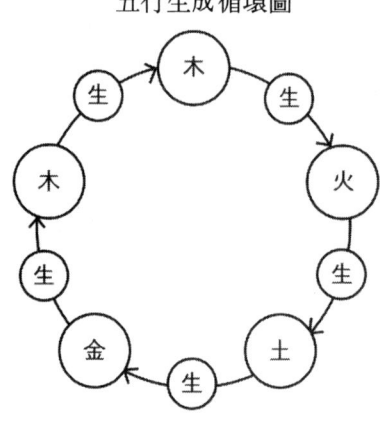

五行生成循環圖

즉 공간(宇 공간우)은 하늘과 땅사이요 시간(宙 시간주)은 동서간(東西間)이다.

이처럼 우주가 天地를 생성하듯 땅은 다시 생명을 창조하니 물질과 생명의 分化다.

五行生成循環(오행생성순환)은 일반적 개념이다.

生命體에서의 생성순환 원리는 水生火하고 火生金하며 金生木하고 木生土하며 土生水하고 다시 水生火 하니 이것은 생명생성순환 원리다.

따라서 오행의 원리는 적용대상에 따라 작용이 달라진다는 사실을 알아야 한다. 이 법칙을 기준하지 않으면 가르치는 사람이나 배우는 사람 모두가 혼란스럽다.

이것이 오행의 생성과 작용의 대강이다.

3. 하늘을 측량하다.

우주를 5원소(金木水火土)로 분석되니 5행은 곧 우주의 다섯가지

기운이라 이 기운이 음양으로 작용하고 운행되니 천간이라 한다. 天干은 곧 하늘의 기운행작용의 부호다. 이름 하여 甲乙丙丁戊己庚辛壬癸가 그것이다. 天氣는 고정되어 있지 않고 움직인다. 예를들면 정북에서 甲乙木 기운이 움직이기 시작하면 동으로 남으로 서쪽으로 정북으로 목기운이 돌아오기까지는 60년이란 세월(시간)이 필요하다. 이름하여 甲乙木運, 丙丁화운, 戊己토운, 庚辛金運, 壬癸수운이다. 天

六氣와 十二支
子午冲 太陽 火氣(君火)
丑未冲 土氣
寅申冲 地中 火氣(相火)
卯酉冲 金氣
辰戌冲 水氣
巳亥冲 木氣

運이 회전하는 양태를 살펴보면 甲運은 본능적으로 己土를 향하여 달리지만 己土 또한 甲木을 끌어당기는 흡인력을 가지고 있다.
 이와 같이 乙木은 庚金을 향하고 庚金은 乙木을 당기며, 丙火는 辛金을 향하고, 辛金은 丙火를 당기며, 丁火는 壬水를 향하고 壬水는 丁火를 당기며, 戊土는 癸水를 向하고 癸水는 戊土를 당긴다. 이를 天輪의 다섯바퀴라 하여 五輪(오륜)이라 한다. 이것이 하늘법이며 우주의 흐름을 파악하는 하늘 잣대. 이 잣대의 변화를 五運이라 하고 甲己土運, 乙庚金運, 丙辛水運, 丁壬木運, 戊癸火運이라 이름한다.

 天運에는 過猶不及(과유불급)이 있으니 氣가 같으나 넘치고 부족함을 일컫는다. 황제내경의 운기대론편에 의하면 甲己之年은 土運이나 甲年은 土太過요 己年은 土不及이다 예를 들면 甲년 추석에는 이미

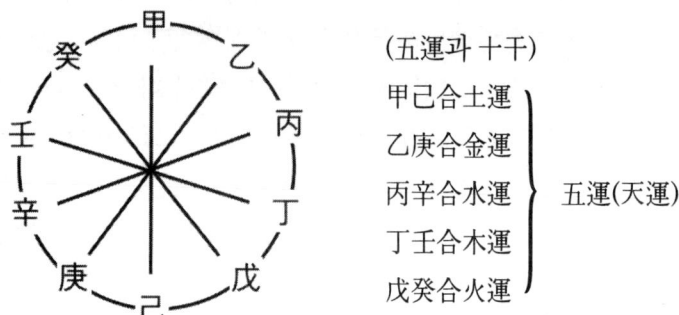

오곡백과가 익어서 상차림이 푸짐하고 己년 추석에는 오곡백과가 아직 덜 익어서 상차림이 가볍다는 뜻이다.

4. 땅을 측량하다

우주도 하나의 위대한 생명체요 땅 또한 광대한 생명체다 하늘은 오기에 의한 오운이 작용하지만 땅에는 화기가 하나 더 있어 육기가 작용한다.

(十二支圖表와 地球)

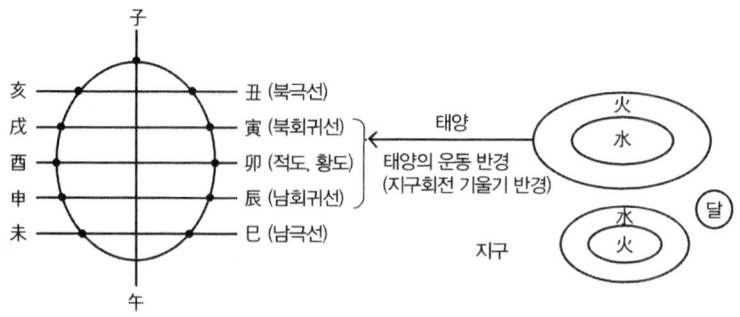

지구자식이 태양어미를 돌면서 일년 열두달의 변화와 일일 十二時의 변화를 일으키니 이 변화의 마디가 十二支가 된다. 支는 度라 했으니 땅을 재는 잣대다.

이름하여 子丑寅卯辰巳午未申酉戌亥다 이를 사시로 나누면 亥子丑이 겨울이요 寅卯辰이 봄이요 巳午未가 여름이요 申酉戌이 가을이다.

이를 과학적으로 변환시켜 설명하면 봄은 폭발이요, 여름은 배기요, 가을은 흡입이요, 겨울은 압축이다. 천부경에 運三四成環하고 環五七一妙하니 라는 구절이 바로 이 부분을 축약 설명하고 있다. 앞의 그림을 보면 子午는 二至(동지하지)요 卯酉는 二分(춘분추분)이다 子는 極陰이니 一陽이 始生하고 午는 極陽이니 一陰이 始生한다.

子는 씨자 또는 쥐자이니 생명체가 가장 작은 형태로 압축(응축)되었음을 뜻하고 동물로서는 가장 작은 동물을 배치시켰다. 丑은 有田이 左邊土落하니 이제 陽氣가 껍질을 깨고 세상으로 나오겠다는 의미다. 寅은 껍질을 모자로 뒤집어 쓴 채 호랑이처럼 용감하게 세상으로 나오는 형상이다. 卯는 이미 세상으로 나와 토끼처럼 깡충깡충 활발하다는 의미요, 辰은 용처럼 몰라볼만큼 커졌다는 뜻이다. 巳는 추위에 약한 뱀이 세상에 나와 활동하는 시기를 의미하고 午는 압축되고 응축된 짐승 중에서 가장 작은 쥐가 짐승 중에서 가장 큰 말만큼이나 팽창확대 되었다는 의미요, 極陽이요 하지다. 혹자는 짐승중에서 크기로 말하면 코끼리나 기린, 고래도 있다고 말할지 모른다. 그러나 코끼리, 기린 고래는 용으로 취급되었고, 또하나의 이유로는 한국철학이 태생된 아시아대륙(지구자오선 90도인 인도 동쪽끝에서 서쪽으로 서양임-필자주)에서는 일반적 동물이 아니었다. 또 辰은 용으로 표현한 뜻은 뱀이 구렁이처럼 상식으로 알아볼 수 없을만큼 변하고 커졌다는 의미로 쓰인다.(코끼리나 맘모스의 화석은 지금도 龍骨이라하여 한약재로 쓰인다) 未는 큰말이 양처럼 작아지고, 申은 양이 원숭이처럼 더 작아지고, 酉는 원숭이가 닭처럼 더 작아지는 과정이다. 즉 큰 나무가 자신의 정보를 담아 작은 씨앗을 만들 듯 두꺼운 껍질속으로 자신을 가두는 과정이다. 이 과정을 사람들은 가을이라 하고 오곡백과가 무르익는다고 하는 것이다. 마지막으로 戌과 亥가 있다. 이를 天門이라 한다. 戌은 火局의 끝이요 亥는 木局의 머리다 따라서 戌은 戌속에 생명이 갇힘을 뜻하니 겨울잠을 청하는 때이다. 해의 근본은 핵이니 폭발전의 고요다. 돼지는 잠을 잘 때 코를 감춘다. 天氣를 단절한다는 의미를 갖는다. 압축이 시작되는 것이다. 옛 말에 겨울이 추워야 이듬해 풍년이 든다고 하는 의미는 압축이 강해야 폭발도 강하게 된다는 뜻이다. 이렇게 압축된 형상이 극에 이름을 子라고 한다.

이것이 宇宙의 輪回요 반복이다. 生命도 이 理致를 벗어날 수 없다.

이처럼 우주의 변화를 十二支라는 부호로 규정하고 그 작용을 관찰하니 육기가 이름하여 子午冲太陽火氣요 丑未冲土氣요 寅申冲地中火氣요 卯酉冲金氣요 辰戌冲水氣요 巳亥冲 木氣다. 이처럼 천운과 지기의 이합집산과 합충이 지상의 생명을 양육하고 양육의 비밀이 干支에 있으니 干支는 곧 天地를 측량하는 잣대다.

5. 말뚝을 박고 울타리를 쳐라

漢文을 지구촌 사람들은 "차이나싸인" 이라 한다. 그러나 진실은 "코리안싸인" 이라야 맞다. 그래서 漢文과 韓吃(한글-필자)은 우리말의 모양과 소리다.

또한 음양오행과 干支는 분명 우리조상님들이 개발한 우주를 측량하는 부호요 암호요, 열쇠요 키워드다. 이로써 생명의 시간여행 비밀은 干支에 있음이요, 인생의 비밀 또한 자연과학인 四柱八字에 있음이다. 시간여행에 실과 바늘처럼 시간여행에 작용을 일으키는 요소가 공간여행이다 공간(|)과 시간(一)이 합하여 현실(十)을 조성하니 십

은 완성이요, 현실이요, 시공간이요 역사(과거현재미래)요 사방팔방이요 사통팔달이요 宇宙理致의 부호다.

이를 다시 설명하면 宇宙에 一陽이 始生하니 一變兩儀요, 一陰이 始生하니 二變天地요, 이것이 陰陽合四象이다. 여기에 天地가 運動하니 三變八卦와 八卦가 自化作用으로 六十四卦를 낳는다.

宇宙의 變化

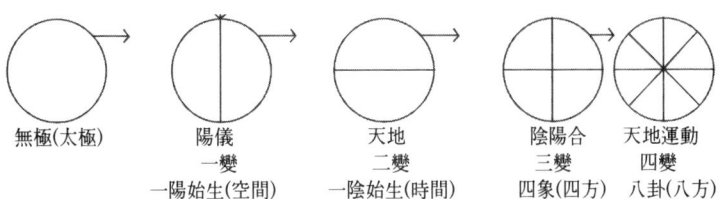

이 도형은 우주의 변화다. 공간변화의 부호는 卦象이다.

四時變化圖
北半球基準

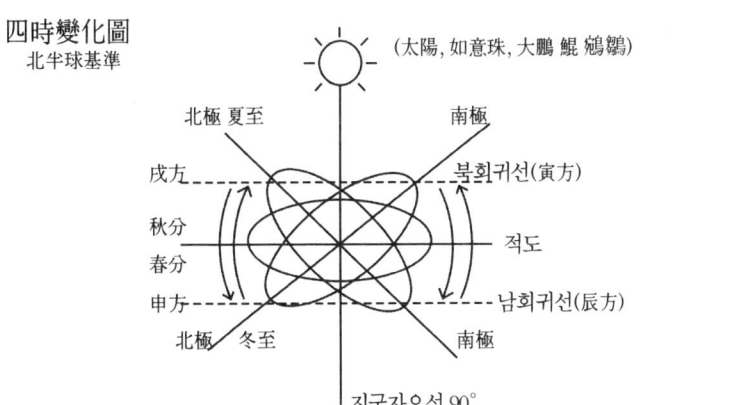

제 3장 陰陽과 五行

地球時空間 符號圖

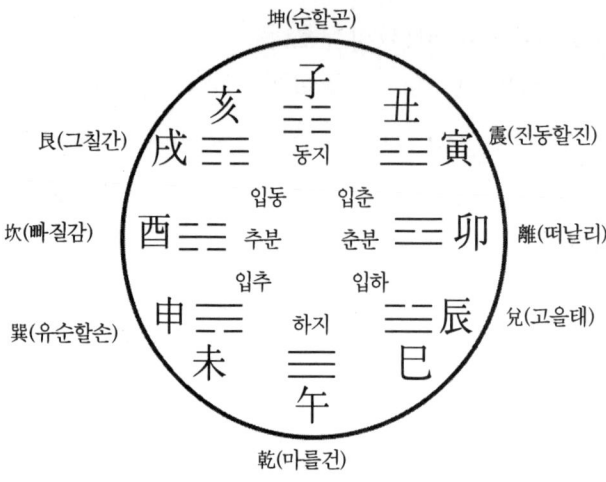

符號說明(太陽曆과 太陰曆이 혼용됨)

☷ 坤 계절로는 亥子丑 겨울이요 한밤중이요 극음이니 순하다. 一陽始生占이다. 冬至다.

☳ 震 시간으로는 새벽3시 월로는 매월1일 해로는 1월 1일이요 입춘점이다.

☲ 離 해가 떠서 떠나니 떠날리이다. 인생으로는 엄마품을 떠나는 10세요, 춘분이요 따뜻한 봄날의 시작이다.

☱ 兌 立夏로 신록이 우거지니 고울태요, 성은 기쁨(喜)이다.

☰ 乾 하지다. 양이 최고로 성하니 極陽이요 至陽이요 양효3位다. 一陰始生占이다.

☴ 巽 더위가 한풀 꺾이는 立秋다. 火氣가 유순해지니 유순할손이다.

☵ 坎 戌方으로 해가 빠지는(陷 빠질함)자이다. 상하가 유효이니 조석으로 춥다. 추분이다.

☶ 艮 陽이 그치는(艮 그칠간)자리다. 밤으로는 9시반(술시의 시

작)이요 입동이다.

이를 정리하면 건곤감리는 二至(하지와 동지) 二分(춘분과 추분)이요 四方이요 四時의 中心이니 子午卯酉요 꽃이다. 이를 四柱八字에서는 桃花(복숭아꽃)라 한다.

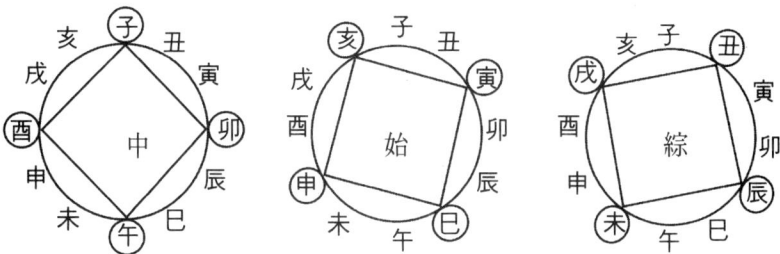

四方과 四時의 軸(도화살)　　시간의 축(역마살)　　변화의 축(화개살)

　이곳에서부터 독자들의 혼란이 예상된다. 그 이유로는 태양력과 태음력의 분명한 선이 없기 때문이다. 필자가 늘 고민한 한 부분이기도 하다. 원래 태양력은 태양과 지구의 변화를 나타내고 태음력은 지구와 달과의 변화를 나타내는데 우리가 살고 있는 지구는 태양과도 달과도 관계를 거부할 수 없는 삼각관계에 놓여 있기 때문이다. 일반적으로 태양력을 양력, 신력(新曆)이라고도 하며 태음력은 음력, 달력, 구력(舊曆)이라고도 한다.

　20세기 들어 서양문물을 먼저 도입한 일본에 의해 또는 지구촌이 하나 되어 가는 각국과의 교류관계에 의하여 통일된 시간을 사용해야 하는 이유로 태양력을 기준하다 보니 이러한 혼란을 겪을 수 밖에 없는 상황이 되었다. 그러나 우주의 원리를 연구하거나 한국철학을 연구하는 많은 이들이 명쾌한 해설이 없이 어물쩍 넘어가는 과정에서 이러한 혼란이 빚어진 것이다.

　필자는 여기서 분명한 원리를 제시하고자 한다. 지금까지 설명한 우주원리의 재원에 대한 근거는 모두 우주에서 일어나는 자연과학과 천체물리학이다. 단, 부호만 한국학을 응용하고 있다. 그렇다고 한국학적 우주원리가 천체물리학이 아님이 아니다. 분명한 설명이 누락되었음을 부언하고 있는 것이다.

예를 들면 태양력은 24절기의 기준이요, 4계절 변화의 기준이 분명하다. 그럼 태음력은 무엇인가? 태음력은 달운동을 기준하므로서 달의 변화와 바닷물의 조수관계로 나타나는 일기예보가 가능한 일기관계이다.

문제점은 음력과 양력의 출발점이다. 양력은 동지후 10일째가 새해의 1월1일이 된다. 하지만 음력은 이러한 기준이 없고 달을 기준하므로 입춘근처점에서 1월1일이 시작된다. 그러므로 음력은 입춘일을 1월 1일로 계산하되 느리기도 빠르기도 하게 된다. 결국 음력과 양력 사이 합일점이 없으므로 따로 노는 격이다.

결론은 우주변화의 원리는 현대과학적 천체물리학이며 양력 기준이며 한국철학 역시 양력기준임을 밝혀 둔다. 혹시 글 중에 애매한 내용이 나올 때는 부언하겠지만 독자제현들의 양해도 함께 구해본다. 필자기 이러한 내용을 연구하게 된 까닭은 한국인(현대인)이 한국철학을 쉽게 이해하고 아울러 한국철학을 세계화하는 초석을 다지기 위함이다. 한국철학의 위대함을 깨달았기 때문이다. 앞으로 21세기 이후 세계를 리드하는 국민으로 도약하기 위해서는 철학이 없는 국민은 불가능하기 때문이기도 하다.

6. 솟대를 세우다.

솟대는 우리민족의 사상을 상징한다. 즉 敬天(奉天)思想이다. 다시 말하면 하늘을 받들고 섬기는 민족이다. 그래서 하늘을 하느님이라 한다. 예로부터 天父地母라 했다.또 天地如父母라 즉 하늘은 아버지와 같고 땅은 어머니와 같다. 그러니 어찌 모시지 않고 받들지 않으랴!

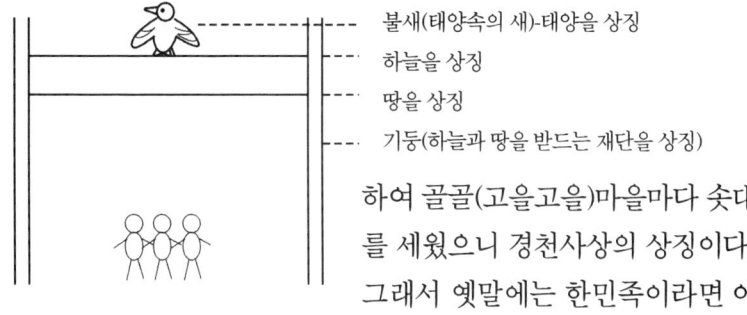

하여 골골(고을고을)마을마다 솟대를 세웠으니 경천사상의 상징이다. 그래서 옛말에는 한민족이라면 어느곳을 막론하고 마을입구에 솟대를 세웠다. 솟대를 세운곳에는 어디를 막론하고 우리의 부모형제들이 살고 있다. 실제로 남매국이었는지는 확실한 이야기를 할 수는 없지만 이러한 사상이 남매국이라는 전설을 만들었는지도 모를 일이다.

아무튼 우리는 분명 자연과 함께하고 자연속에서 살아가는 순수하고도 소박한 민족임에는 틀림이 없다. 사실 근세에 와서 조금 흐트러진 정신세계를 보이고 있지만 우리 민족의 사상과 생활상은 미래 인류상이기도 하다. 同居同樂弘盆人間相扶相助理化世界라는 國祖 檀君의 開國理念이 이를 뒷받침하고 현재 인류의 흐름이 그러하다.

함께하고 배려하는 양심의 소리가 지금 세계 곳곳에서 메아리치고 있다.

지금 솟대문화는 우리에게서는 서서히 사라져가고 있지만 아직도 일본에서는 옛건물이라면 어김없이 솟대가 서있는 모습을 보면 오히려 일본이 한민족의 장자의 자손이 아닌가 의심스러울 정도다.

우리도 이점을 감안한다면 청와대 정문에라도 지금 당장 솟대를 세움이 옳지 않을까? 생각된다. 참고로 부언한다면 기독교의 성경에 나오는 하나님은 최초 성경을 우리말로 번역한 사람이 우리의 정서에 맞도록 신 대신 하나님을 붙인 것은 큰 잘못으로 생각된다. 우리의 정서가 많이 훼손되고 있기 때문이다.

제 4장
干支의 變化(宇宙運動)

子1. 하늘을 보고 땅을 보다

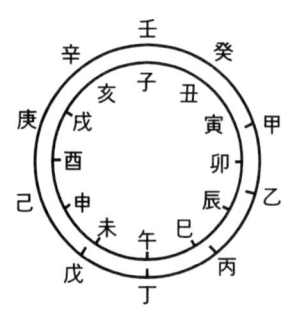

干支圓形配置圖

六甲變化의 回轉圖(進行形)

하늘에는 十干五運이 있고 땅에는 十二支六氣가 있다.

五運
甲己 土運
乙庚 金運
丙辛 水運
丁壬 木運
戊癸 火運

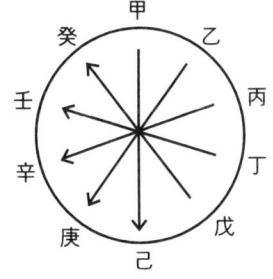

六氣
子午冲 太陽 火氣(君火)
丑未冲 土氣
寅申冲 地中 火氣(相火)
卯酉冲 金氣
辰戌冲 水氣
巳亥冲 木氣

이르러 이른 것을 順이라 하고, 이르러 이르지 않음을 不及이고, 이르지 않았는데 이른 것은 太過라 한다. 태과불급은 逆이고 氣候異變(기후이변)으로 사람들에게 질병이 많아진다.

여기서 地氣는 主氣라 하고 불변이며 天運은 客氣라 하고 변한다.

이러한 干支의 변화에 대하여 歲會(세회), 同歲會, 天符, 同天符, 太一天符라 한다.

따라서 天符는 執法(집법)이니 過酷(과혹)하고 非情(비정)하다. 그러나 歲會는 고용된 관리이니 약간은 너그럽고 융통성이 있으며 변수가 있다.

예1) 丁(木運)   戊(火運)   乙(金運)
　　 卯(東의 木位) 午(南의 火位) 酉(西의 金位)—이러한 경우를 歲會라 한다.

제 4장 干支의 變化   49

예2) 丙辛年(水運)   太陽司天이면
    甲己年(土運)에 太陰司天이면―天符라 한다.
  여기서 歲會와 天符가 一致하면 太一天符라 한다. 또 歲會와 같은 작용의 해를 同歲會 天符와 같은 작용의 해를 同天符라 한다. 이를 정리하면 다음과 같다.
  天符의 해: 戊子, 戊午, 戊寅, 戊申, 丙辰, 丙戌, 丁巳, 丁亥, 乙卯, 乙酉, 己丑, 己未年
  歲會의 해: 丙子, 戊午, 甲戌, 甲辰, 丁卯, 乙酉, 己丑, 己未年
  同天符의 해: 甲辰, 甲戌, 壬寅, 壬申, 庚子, 庚午年
  同歲會의 해: 癸巳, 癸亥, 辛丑, 辛未, 癸卯, 癸酉年
  太一天符의 해: 戊午, 乙酉, 己丑, 己未年
  이와 같이 干支의 최소공배수인 60년중 36년이고 그 밖의 해는 下加도 上臨도 없다.
  太一天符는 王侯將相에 해당하니 眼下無人이다. 고로 邪氣(사기)에 닿으면 위험하다. 또한 客氣는 上 主氣는 下이므로 客氣가 君火이고 主氣가 相火이면 順이지만 客氣가 相火이고 主氣가 君火라면 逆으로서 사람들은 병들기 쉽고 병들면 병세가 급격하다.
  客氣는 天干 甲에서 시작하고 主氣는 地支 子에서 시작한다. 따라서 처음의 甲子년을 歲立 1년 六氣의 始終이 4년마다 되풀이 되는데 이를 一紀라 하고
  甲子년은 一刻(0시)에서 출발하고
  乙丑년은 二十六刻(6시)에서 시작하고
  丙寅年은 五十一刻(12시)에서 시작하고
  丁卯年은 七十六刻(18시)에서 시작하고
  戊辰年은 다시 一刻에서 시작한다. 이렇게 十五紀가 지나면 다시

甲子로 돌아온다.

　氣의 昇降은 交替한다. 오르면(차면) 내리고 내리면(비면)오른다. 天氣는 하강하여 땅에 流布되고 地氣는 상승하여 하늘에 이른다. 천기가 한번 내리면 地氣가 한번 오르기를 반복하는데 天氣가 내릴때는 천기의 영향이 좀더 강하고 지기가 오를때는 만물에 미치는 영향에 있어 지기가 좀더 강하다. 變化에는 勝과 復이 있고, 德化用變이 있고 變(변)은 邪氣를 발생하며 사기에는 緩急遲速(완급지속)이 있다. 이는 만물의 生育造化, 疾病殺戮(질병살륙)을 일으킨다. 즉 변은 천지의 호흡인 풍의 작용에 의하고 풍은 오운과 음양의 성쇠에 의한다. 따라서 상으로는 천문을 알아야 하고 하로는 지리를 알고 중으로는 인사를 알아야 한다. 천문은 기의 추이상황이요, 지리는 오운의 교체규칙이요, 인사란 오운육기가 인체에 영향하여 기혈운행에 변화를 일으키는 이치를 말한다.

　천지는 태과나 불급에서도 정도를 행하려는 조화가 일어난다.

2. 乾坤坎離(東西南北)

　건곤감리는 동서남북의 別稱(별칭)이고 괘상은 부호다. 天地乾坤

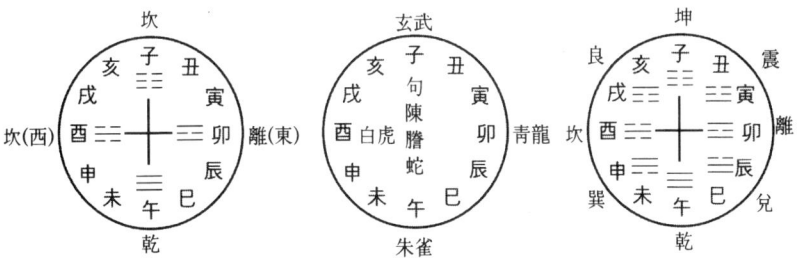

間이라는 말이 있는데 천지의 별칭이 건곤이다. 간은 사이간이니 공간이란 뜻이다. 즉 천지는 공간이요 남북이요, 동서는 해와 달이 뜨고 지는 곳이니 시간이다. 따라서 세상이란 시간과 공간의 만남이다. 최초 풍수지리(風水地理)의 모형은 몽골고원을 기준으로 한다. 북으로는 바라슈호(바이칼호수), 남으로는 고비사막, 서쪽으로는 천산산맥이요, 동쪽으로는 낭림산맥이다.

宇宙는 크고 넓고 둥글다. 측량할 수가 없다. 그래서 지구에 기준을 두고, 그리고 나를 기준하여 東西南北을 定했다. 推句(추구)라는 책을 보면 남북은 鴻雁路(홍안로)요, 東西는 日月門이라는 글이 있다. 내가 있는 곳이 곧 지구의 중심이다. 그래서 세상천지가 세상만사를 "나"로부터 존재하고 출발한다. 이것이 세상이치다.

동양과 서양의 분기점은 지구 자오선 90°다. 동서양의 분기점은 무엇을 근거로 하는가? 공기의 밀도에 의하여 구분된다. 서양은 공기밀도가 낮고 동양은 공기밀도가 높다. 다시 말하면 대기압력의 차이로 동서양이 구분된다. 이 구분에 의하여 생명체의 성장과 체형, 습관, 사고의 환경이 다르게 된다.

기상관측 기록에 의하면 최고의 기압은 1900년 1월 시베리아에서 측정된 1078mb였고, 최저의 기압은 1935년 미국의 프롤리다주 카웨스트에서 측정된 891.7mb였다. 시베리아는 동양이고 미국의 플로리다주는 서양영역이다. 따라서 서양은 인도동쪽 90°(자오선)에서 서쪽으로 다음 자오선 90°까지다. 그래서 미국은 대부분 동양영역이지만 미시시피강근처를 지나는 지구자오선 90°까지이다.

2008년 북경올림픽경기때 이런 말이 나왔다. 서양에서 100kg을 드는 역도선수가 동양에 오면 99kg 이상을 들기 어려운데 이는 공기밀도(기압)때문이라고…

天符經에 이르기를 運三四成環하고 環五七一妙라 했다. 즉 셋씩 넷으로 成歲하니 열두 달의 변화가 절묘하다고 표현되어 있다. 하루는 밤과 낮과 오전오후로 나뉘는데 옛법은 12시요 지금은 24시간이다. 1년은 四季節이요 열두 달이요, 24절기요, 73(72)후다. 그리고 날로는 365$\frac{1}{4}$일이다. 지구가 태양을 한 바퀴 도는 기간이다. 태양계는 상위 은하계를 한 바퀴 도는데 68.57(72년)이 걸린다. 이것이 宇宙運行法則이요 時間이다.

　宇宙는 運動하고 宇宙體는 變化한다. 수축과 팽창의 반복이 그것이다. 이를 우주변화라 한다. 이러한 우주의 변화를 알기 쉽게 설명하여 춘하추동 4계절이라 한다. 여기서 한 가지 짚고 넘어가야 하는 문제가 있다. 천동설과 지동설처럼 우주의 수축과 팽창인가? 아니면 지구의 수축과 팽창인가? 하는 것이다. 물론 우주는 그 자체로 수축과 팽창운동을 스스로 반복한다. 하지만 여기서는 지구의 수축과 팽창을 근본적으로 다룬다.

　지구는 천부경에 나타나듯 衍萬往萬來 來用變不動(연만왕만래 래용변부동)으로 衍萬往萬來는 우주운동의 반복을 뜻하고 來用變不動은 지구의 東西는 不動이요 南北은 변화한다는 의미다. 즉 남반구와 북반구는 정반변화를 일으킨다. 북반구가 겨울이면 남반구는 여름이고 지구북반구가 여름이면 남반구는 겨울이 된다. 그러나 동양과 서양의 공기밀도에는 변화가 없다. 여기까지의 변화는 1년의 변화가 陰陽으로 太過不及으로 나타난다. 예를 들어 갑자년은 土運太過요, 乙丑年은 金運不及이다. 太過는 이르지 않았는데 이른 것이요, 不及은 이르렀는데 이르지 않음이다. 즉 太過란 과일이 익었는데 추석이 오지 않음이요,

　不及이란 추석은 왔는데 햇과일이 익지 않았음을 뜻한다. 또한 일

년은 前半司天의 客氣와 後半在泉의 主氣가 支配한다. 즉 客氣는 甲에서 主氣는 子에서 시작한다. 따라서 甲子를 歲立이라 하고 一年六氣의 始終이 4년마다 되풀이 되는데 이를 一紀라 하고 15회를 반복하면 60년으로 다시 甲子로 돌아와 새로운 甲子가 된다.

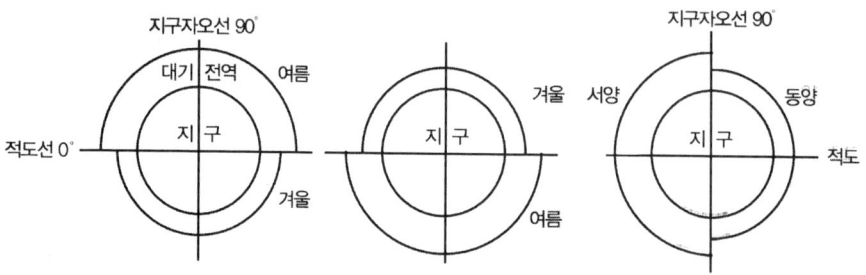

지구북반구의 여름대기권역도   지구북반구의 겨울 대기권역도   동양과 서양의 대기권역도

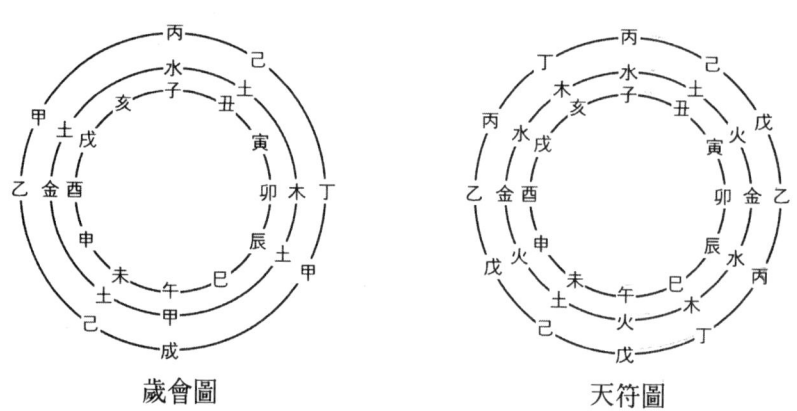

歲會圖   天符圖

※歲會와 天符가 함께한 해를 太一天符라 한다.(己未, 己丑, 乙酉, 戊午年)

여기서 一年의 변화에 대하여 살펴보자. 一年의 큰 변화는 四時요, 작은 변화는 節氣다.

春節候

立春 2월 4일경 봄의 시작이란 뜻이다. 이는 하늘에서의 시작이고 땅에서는 3候가 지난 우수부터 봄의 기운을 느낄수 있다. 運氣上의 새해는 大寒 다음날인 1월21일경부터 변화의 작용이 일어난다. 따라서 六氣上의 初의 氣가 이날부터 春分日인 3월 21일까지 작용한다.

雨水 2월20일경, 봄비가 내려 눈과 얼음을 녹인다는 때이다. 물론 사람들의 체감기후는 3候 뒤에 나타난다.

驚蟄 3월 16일경, 우수경칩에는 대동강물이 풀린다는 때이다. 이날을 깃점으로 하여 동면하던 동물들을 비롯하여 곤충등 모든 동식물이 깨어난다고 한다. 이때부터 집안에서만 놀던 아이들이 하나둘씩 골목을 메우기 시작한다.

春分 3월 27일경으로 밤과 낮의 길이가 같아. 태양이 적도에서 솟아올라 적도로 넘어간다. 동지로부터 약90여일이다. 또한 六氣의 初氣가 끝나는 날이기도 하다. 그러면서 제2의 기가 시작된다.

晴明 4월 5일경으로 우리는 이날을 植木日로 지정, 나무심기 좋은날로 정했다. 이때가 寒食이다. 나라에서는 종묘에 제사를 지내고 민가에서는 성묘를 하는데, 얼었다가 녹은 뒤의 허물어진 조상들의 묘를 정비하는 때이다. 또 이때부터 못자리를 만든다.

穀雨 농사에 필요한 비가 내린다는 때이다. 4월 21일경이다. 이때부터 농민들은 논갈이 밭갈이에 바쁜날들을 보내게 된다.

夏節候

立夏 5월 6일경으로 여름의 시작이라는 뜻이다.

小滿 5월 21일경으로 신록의 푸르름이 논밭에 가득하다는 뜻이다. 제3의 기후가 시작한다.

芒種 6월6일경으로 실질적인 농사의 시작 즉 곡식의 씨앗을 심고 뿌리는 시기다.

夏至 6월21일경으로 1년 중 낮이 가장 긴 날이다. 지금은 빨라졌지만 옛날에는 하지전 3일 후 3일 또는 하지 전 닷새, 후 닷새가 모심는 적기라고 했다.

　이날 태양은 寅方에서 떠올라 戌方으로 지고 북회귀선을 돌아 남회귀선을 향하여 달려 내려간다. 여기서 용호상박과 견원지간이라는 고사성어가 생겨났다. 또한 鯤이 鵬이 되어 九萬里長天을 올라 南冥으로 날아간다는 때이기도 하다.

小暑 7월 7일경으로 더위가 시작된다는 뜻이다. 대략 소서에서 입추 사이에 三伏의 더위기간이다.

大暑 7월23일경으로 매우 덥다는 뜻이다. 대서를 전후하여 음력 명절인 유두절이 있다. 流頭節(음력 6월보름)에는 농사를 짓는데 김매기가 끝나고 여름에 수고한 농부들이 잔치를 벌이는 날이다. 이날 각 마을에서는 농사를 잘 지은 일꾼에게 소를 태우고 술과 떡, 고기등을 장만하여 대접하는 날이다. 물론 이때의 비용은 천석군이나 만석군 또는 그 마을 부잣집에서 턱을 내는 날이기도 하다. 또한 제3의 기가 끝나고 제4의기가 시작된다.

秋節候

立秋 8월8일경으로 가을의 시작을 알리는 때이다.

處暑 8월23일경으로 더위가 물러간다는 때이다. 이때가 되면 옛날에는 모기의 입이 비뚤어져서 사람을 물지 않는다고 했다. 하지만 요즈음은 겨울에도 모기가 문다. 아파트문화가 정착되면서 겨울잠을 자던 모기와 파리들이 겨울잠을 자지않고 활동하는 환경으로 바뀐 시대적변화의 한 속이다. 천고마비의 계절이다 말이 가장 좋아하는 계절이고 가장 싫어하는 계절은 봄(마이동풍)인 듯

하다
白鷺 9월 8일경으로 이슬이 하얗게 보인다는 때이다.
秋分 9월23일경으로 춘분과 같이 밤낮의 길이가 같다는 때이다. 육기상의 제4의기가 끝나고 제5의 기가 시작되는 날이다. 동짓날부터 북상하던 태양이 하짓날부터 남하하기 시작하여 오늘 적도를 넘어가는 날이다. 오곡백과가 무르익어 황금들녘을 자랑하는 가을 정점이다.
寒露 10월8일경으로 찬이슬이 내린다는 때이다.
霜降 10월 23일경으로 서리가 내린다는 때이다. 가을걷이의 마무리단계에 이른다. 肅殺之氣(숙살지기)라 하여 만생명을 오므라지게 하고 죽이는 기운이 가득하다. 사람들은 시월상달이라하여 년중 빈부를 잊어버릴만큼 가장 풍요롭고 배부른 때이다. 인심이 후하다.

冬節候

立冬 11월 7일경으로 겨울의 시작을 알리는 때이다. 옛날에는 시월시제라고 하여 조정에서는 종묘에 제사를 지내고 민가에서는 조상들의 묘소를 찾아 참배하고 제사를 지냈다. 물론 지금도 계속되기는 하지만 옛날에 비하면 형식적인 면이 많다. 즉 산업사회가 낳은 개인중심생활기반에 의하여 참여율이 매우 낮다. 아쉬움이 크다. 일가친척간 얼굴을 익히고 친목을 도모하는 의미깊은 행사이기 때문이다.
小雪 11월 22일 경으로 눈이 내리기 시작한다는 때이다. 六氣中 終의 氣가 시작된다.
大雪 12월 7일경으로 본격적으로 겨울추위가 시작되는 때이다.
冬至 12월 22일경으로 년중 밤의 길이가 가장 긴 날이다. 북극은 한밤중이요 남극은 한낮인 셈이다. 이날을 두고 천부경에서는 一終

無終一이요 一始無始一이라고 표현했다. 老子는 이를 鵷鶵(원추)가 남쪽바다에서 나와 북명을 향하여 날아가는데 오동나무가 아니면 앉아 쉬지를 않고 감로수가 아니면 마시질 않고 멀구슬 열매가 아니면 먹지를 않는다고 했다.

민가에서는 팥죽을 써서 집안팎에 뿌리고 이웃과 나누워 먹는다. 옛날귀신들(세균-전염병을 옮기는)은 붉은빛나는 팥죽을 싫어했던 모양이다. 가는해와 오는해의 시종점에서 재앙을 막는 의식이었다.

小寒 1월 6일 경으로 년중 가장 추운때이다. 옛말에 소한 대한에 집나간 놈은 죽어도 제사가 없다고 했다. 얼어죽을 것을 알면서도 집을 나간 놈이니 사람대접을 해서는 안 된다는 뜻이다. 또 옛말에 "형(大寒)이 아우(小寒)집에 왔다가 울고갔다"라는 말이 있는데 이는 대한보다는 소한이 더 춥다는 뜻이다.

大寒 1월 21일경으로 추위가 극에 이르렀다는 뜻이다. 그리고 一年 六氣變化의 마지막이면서 새해 六氣의 제 一氣가 시작되는 시점이기도 하다.

한해의 마무리는 어떤 의미로 바라보느냐에 따라서 다름이 있다. 태양으로 보면 동짓날이 일년한해의 끝이요 시작이다. 五運六氣의 變化로 보면 大寒日이 한해의 꼬리와 머리이고 二十四節氣로 본다면 立春日이 한해의 꼬리와 머리가 되고 양력으로는 1월1일이 한해의 시작이 되고 음력으로는 달을 기준하므로 대한과 우수사이에서 한해의 끝과 시작되는 설날이다.

이처럼 한해의 끝과 시작을 알리는 기준이 다섯 가지나 된다.

참고로 우리 민족이 古來로부터 매월 지켰던 달명절을 짚어보면 농경사회의 한 단면을 볼 수 있다.

正月 설날(초 하룻날)

대개 大寒과 雨水 사이에 있다. 농경사회에서 필요한 날씨와 관계가 있으므로 음력을 활용했다. 물론 어부들도 음력이 절대 필요했다. 바다의 흐름을 파악하고 날씨를 관찰하여 고기잡이를 조절했기 때문이다. 한해의 시작이므로 세배와 성묘를 하고 어른들을 찾아 덕담을 나누고 한해가 무사하기를 기원했다.

인절미를 비롯 흰떡, 쑥떡, 시루떡, 식혜, 감주, 막걸리(탁주), 청주, 소주 등 온갖 음식을 만들어 나누어 먹는다. 특히 떡국이라 하여 닭고기나 쇠고기를 넣고 김가루를 뿌려먹는데 그 맛도 일품이지만 이 떡국을 먹어야 나이를 한 살 더 먹는다고 한다. 그래서 두그릇 먹으면 두 살 더 먹는다고 놀리는 어른들도 있고 떡국을 안 먹으면 나이를 못먹는다고 놀리기도 했다. 그래서 어떤 아이들은 세그릇 먹었으니 세 살을 먹었다고 친구더러 형이라 하라고 우기기도 했다. 연을 날리고 팽이, 자치기, 제기차기 등의 놀이도 하고 필자가 어렸을 적에는 새끼를 뭉쳐 공을 만들어 집단 축구를 했던 기억도 난다.

대보름

어렸을 적 보름날에는 잠을 자면 눈썹이 하얗게 된다고 어른들이 아이들을 놀려주든 생각이 난다. 보름날은 오곡밥에 온갖 나물 반찬을 만들어 먹었다. 그것은 겨우내 쌓인 독을 몸에서 몰아내는 방법이기도 하다.

그리고 논과 밭둑에 불을 놓아 해충을 죽이고 연을 띄워 날려보내면서 병마나 재앙을 가지고 멀리 날아 가라고 기원하기도 했다. 밤에는 동네끼리 불싸움도 하고 씨름을 열기도 했다. 또 윷놀이를 하는데 마을 대항 윷놀이를 하여 이긴 쪽 마을에 풍년이 든다고 했다. 그것은 윷판이 28숙과 북극성을 더하여 29점이다. 이는 천부 3인의 하나로 일기예보와 같은 역할의 달력인데 윷놀이에서 이긴다는 의미는 날씨를 잘 활용하여 농사를 잘 짓는다는 뜻이다. 또 밤을 뜬눈으로 새우기 위하여 부럼을 깐다. 잣, 호두 땅콩 등의 견과류를 까먹고 우리들의 조상님들은 예로부터 인간이 자연과 하나라는 天人合一과 자연을 보호하고 사랑하며 자연에 의지하는 敬天奉天思想을 생활화한 흔적들이다.

二月 하드레(하리 아드렛날)

음력 2월 초 하룻날 명절이름이다. 콩을 볶아 먹고 칡을 캐서 먹는다. 하드렛날은 썩은 새끼줄을 가지고 뒷동산에 올라가 목을 맨다는 말이 있다. 정월 한 달간 놀고 먹고 마시고 기지개를 켰으니 2월부터는 죽지 않으려면 부지런히 논과 밭, 산으로 나가서 일을 하라는 뜻일 게다.

三月 삼짇날(重三 중삼)

음력으로 3월 초 사흘이다.

寒食(한식)

한식날은 고르지 않다. 양력으로는 4월 5일경이 청명이고 다음날이 한식이므로 청명에 죽으나 한식에 죽으나 마찬가지라는 말이 있다. 즉 하룻밤 사이이므로 따질 것이 없다. 별 차이 없다라는 의미다. 찬밥을 먹는다는 날이나 자세한 유래는 알지 못한다. 나라에서는 종묘에 제사를 지내고 민가에서는 묘제를 지내며 사토를 하고 정원수나 과일나무를 심는다.

四月 초팔일(初八日)

부처님 오신 날이다. 삼국시대부터 내려 온 관습이니 대단한 명절이라 말할 수 있다. 불자들은 절에 가서 부처님을 알현한다. 일정하진 않으나 이때쯤이면 벚꽃이 만발한다. 행락객이 많다. 이때가 옛날 춘궁기(春窮期)다. 아직 보리는 익지 않고 배는 고프다. 60년 이전만 해도 굶기를 밥먹듯 하던 시절 배고픔을 달래기 위하여 나물, 쑥, 피, 소나무 내피, 유근피, 둥글레, 칡, 메꽃뿌리 등을 먹었다. 쌀겨나 보릿겨, 밀기울, 감자, 깻묵 등도 훌륭한 救荒(구황)식품이었다. 어린이들은 술찌꺼기를 먹고 술에 취해 너부러지기도 했다. 이때 부잣집에서는 積善(적선)의 좋은 기회였다. 그래서 큰 부자는 큰 공사를 일이키기도 하고 창고를 열어 쌀이나 보리를 나누어 주기도 했다.

먹거리를 걱정하지 않을 만큼 풍년이 들때는 川獵(천렵)이라 하여 물가에 나가 고기를 잡고 매운탕을 끓이고 술을 마시고 따뜻한 봄날을 즐기기도 했다. 또 부인들은 산나물을 채취하는 좋은 시기로 고사리, 잔대, 더덕, 도라지, 옻순이나 칡순, 드릅, 고비, 취나물, 머루순, 쑥, 나생이 등이 지천으로 널려 있다.

五月 단오절(端午節)

음력 5월 5일이다. 단오 떡을 빚어 먹고 이 날 부채를 만들어 부치기 시작하고 더위가 서서히 밀려 온다. 단옷날 캔 마늘은 약이 된다 하여 약 짓는데 단오마늘을 많이 넣었다.

六月 유두절(流頭節)

음력 6월 15일이다. 이 날이 되면 농부들은 모내기 후 김매기를 했는데 만물이라고 하여 초벌, 중벌, 만물 이렇게 3번째 김매기를 끝내고 하루 술과 떡을 빚어 일꾼들의 수고에 대하여 위로하는 날이다. 상일꾼이라 하여 그 마을 상일꾼이 되면(농사를 잘 지었을 경우 선택) 소를 태우고 호강을 시킨다. 농악놀이를 하고 바쁜 중에도 일꾼들은 하루를 푹 쉰다.

七月 백중(百中)

백중은 음력 7월 15일이지만 이보다 앞서 七月七夕이 있다. 1년 중 비올 확률이 가장 높은 날이다. 전설의 견우와 직녀가 만나는 날이기도 하다. 七夕은 七月 조금치 하는 날이요 15일은 백중사리라고 하여 바닷물이 많이 들어와 1년 중 해수면이 가장 높게 나타나는 날이기도 하다. 이 때가 삼복더위의 한 중심이다.

八月 한가위(秋夕)

네가 7월 七夕을 아느냐, 8월 八夕을 아느냐? 하는 말이 있다. 7월 七夕은 7월 7일이고 8월 八夕은 8월 15일이다.

년중 달이 가장 밝다는 8월 보름밤의 달이다. 대기중 습기가 적어서 달이 유난히 밝게 빛난다. 더도 말고 덜도 말고 한가위만 같아라 하는 속담이 있는데 이는 한국인의 나눠먹는 후한 인심을 말한 것이다. 運氣上 太過인 해는 먹을 것이 풍부하지만 不及인 해에는 아직 과일이 익지 않고 벼가 익지 않아 배고픈 추석이 된다. 물론 지금은 아니지만... 추석이 가까워오면 조상님들의 묘에 벌초를 하고 추석날에는 성묘를 한다. 자손들을 데리고 다니면서 가족의 역사를 설명하고 친척들 간의 얼굴을 익히고 그 간의 안부를 묻고 친목을 도모한다. 술과 송편을 빚고 한과를 만들고 과일, 식혜 등으로 손님을 접대하고 또 손님이 되어 간다. 윷놀이를 하고 씨름판을 열고, 줄다리기를 하고 농경사회에서의 협동과 단결 등을 과시하는 놀이들을 즐겼다. 태과의 해는 작업 중 추석을 맞이하게 되고 불급이 해에는 추석을 지내고 추수가 시작되었다. 옛날에는 마을 처녀들이 모여서 강강수월래를 펼치고 그네와 널뛰기를 했다.

九月 중구(重九)

음력 9월 9일이다. 옛날에는 달명절마다 조상님들께 제사를 지냈다고 한다. 이 날 시제를 모시는 집안들도 있다.

十月 상달(시제)

10월은 하늘이 냉기를 받아 맑고 높게 보이는 때이다. 겨울의 시작이다. 가을 추수가 완전히 끝나고 한가함의 시작이기도 하다. 나라에서는 초정(初丁)을 기하여 종묘에 제사를 올리고 士大夫家에서는 中丁日, 민가에서는 終丁日을 잡아 묘제(시제時祭)를 지냈다. 시월 막사리가 있다.

十一月 冬至

동지는 태양이 하강의 극점에 이르는 날이요 이르는 순간 상승을 시작하는 날이기도 하다. 앞에서 설명했지만 1년의 시작을 의미하는 5種中의 하나다.

한 해의 終始点이다. 동지팥죽이라 하여 겨울에 건강하게 지내자는 의미로 악귀 사귀를 물리친다는 팥죽을 끓여 이웃과 나누어 먹으면서 긴 겨울밤을 이야기 하는 때이다. 여자들은 길쌈을 하고 남자들은 땔감을 마련하고 짚을 이용하여 멍석과 소쿠리 등울 만든다. 어른들은 마을에 훈장선생을 초빙하여 서당을 열고 어린이들에게 글공부를 시킨다.

十二月 섣달 그믐날

필자가 아는 상식으로 음력 12월엔 명절도 행사도 없는 달이다. 다만 한해를 마무리하는 과정이요 새해를 준비하는 과정으로 보낸다. 농기구도 손질하고 지게나 쟁기를 만들고 소를 길들이고 이엉을 올리며 집을 수리하기도 한다. 담장이나 울타리를 고치기도 하고 논둑 밭둑을 보수하기도 하고 논을 고르고 밭을 고르기도 한다. 이러한 준비가 잘되어야 새해 농사를 잘 짓게 된다.

空달

음력에는 공달이라는 윤달이 있다. 2년이나 3년에 한번씩 윤달이 들어 있는데 이는 달을 기준으로 발생된 10일 정도의 차이(1년 약 355일) 때문이다. 음력에서 윤달이 있는 해는 양력보다 20일이 많은 385일이 된다. 이를 두고 "일년 열두달 과년 열 석달"이라고 한다. 이 윤달은 천지신명이 귀먹은 달이라 하여 인간들이 무슨 짓거리를 하든 모른척 한다고 한다. 그래서 동티가 나지 않는다. 이러한 이유로 조상님들의 묘를 이장하거나 비석을 세우는 등의 일들을 하고 집을 고치거나 우물을 파거나 평상시 함부로 할 수 없는 산(山)일이나 집일 등을 한다. 집일은 창고를 짓거나 허물거나 또는 새로운 방을 들이거나 곁방을 만들거나 집구조를 바꾸거나 하는 등이다. 집안 울타리 등에 나무를 심거나 베어 낼 때도 이 윤달을 활용했다. 어떤 집에서는 벽에 못을 하나 박는 일도 이때를 이용했다. 이러한 사유의 동기는 우리 인체나 우리 인생이 자연과 하나라는 신념에서 발생한다. 즉 안손 방에 못을 박게 되면 식구 중 한 사람에게 눈병이 발생하게 되고 심하면 장님도 된다. 이러한 현상을 동티가 났다고 하는 것이다.

필자는 이 부분에 있어서 많은 시간을 할애하여 연구하고 조사를 했다. 이유 없는 죽음이나 이유 없는 질병, 이유 없는 가족력 등을 관찰하고 조사한 결과 이유가 있었다.

다음 "우주변화의 원리이야기" 제2권에서 밝힐 예정이다.

4. 運氣의 實狀

우리 인간의 옛것을 더듬는 궁극적 목표는 溫故知新(온고지신)으로 보다 나은 새로운 세계를 열고자 함이요, 우주의 변화에 대한 관심이 많은 것은 인간에게 인체에 보다 더 안전하고 건강하고 행복할 수 있는 길을 찾기 위한 방책이 그곳에 있다고 믿기 때문이다. 그렇다면 우주를 읽을 줄 알아야 그 변화를 알 수 있고 그 변화를 알았을 때 비로소 대책을 세울 수 있을 것이다.

지금 필자가 쓰고 있는 이 글은 우주를 읽는 기초의 기초라고 말할 수 있다. 이 글을 등불삼아 더듬거리면서라도 우주를 읽는데 일조할 수 있다면 더 바랄 것이 무엇이겠는가!

우리가 흔히 말하는 六十甲子의 책머리에 따라 한해의 운기가 다르다. 해를 읽는 공식을 살펴보자.

運氣 公式을 읽는 용어 해설
太陽寒水(水氣) 羽라 한다.
陽明操金(金氣) 商이라 한다.
小陽相火(地中火氣) 徵라 한다.
太陰濕土(土氣) 宮이라 한다.
厥陰風木(木氣) 角이라 한다.
小陽君火(太陽火氣) 徵라 한다.
太過 지나쳤다(陽干)
不及 아직도 이르지 않았다.(陰干)
司天 天運이고 客氣다. 변한다.
在泉 地氣는 主氣이고 불변한다.
五運 木角 火徵, 土宮, 金商, 水羽(木火土金水) 客氣
六氣 - 小陽, 陽明, 太陽, 厥陰, 小陰, 太陰(熱, 燥, 寒, 風, 火, 濕) - 主氣

九宮八風圖

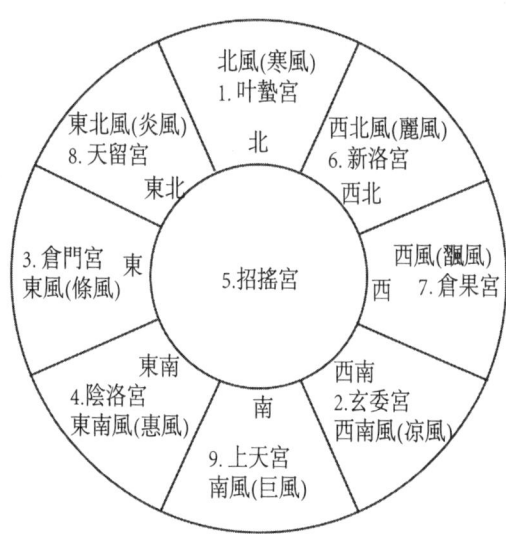

天文方角圖

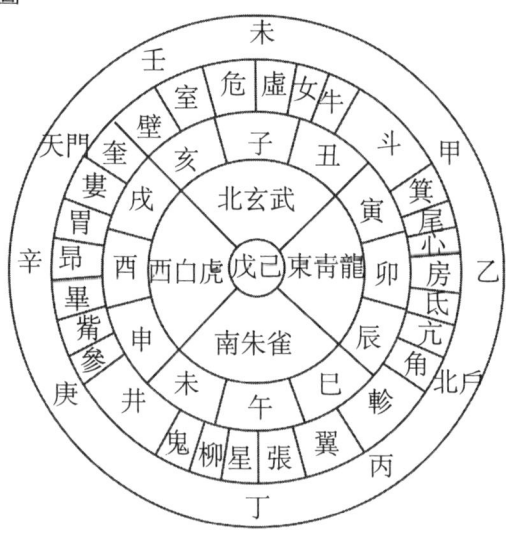

六十甲子運氣公式

紀年	司天	中運	在泉	弱化日 勝氣	弱化日 運氣	災宮	正化日 司天	正化日 中運	正化日 在泉	變食宜 司天	變食宜 中運	變食宜 在泉
甲子	甲午	少陰火	太宮土運	陽明金				熱化二	雨化五	燥化四	鹹寒	苦熱	酸溫
乙丑	乙未	太陽土	少商金運	太陽水	熱化	寒化	七	退化一	寒化五	寒化六	苦熱	酸和	甘熱
丙寅	丙申	少陽相火	太羽水運	厥陰木				大化二	雨化六	風化三	鹹寒	鹹溫	辛涼
丁卯歲會	丁酉	陽明金	少角木運	少陰火	淸化	熱化	三	燥化九	風化三	熱化七	苦小溫	辛和	鹹寒
戊辰	戊戌	太陽水	太徵火運	太陰土				寒化六	熱化七	退化一	苦溫	甘和	甘溫
己巳	己亥	厥陰木	少宮土運	少陽相火	風化	淸化	五	風化三	雨化五	火化七	辛涼	甘和	鹹寒
庚午同天符	庚子同天符	少陰火	太商金運	陽明金				熱化七	淸化九	燥化九	鹹寒	辛溫	酸溫
辛未同歲會	辛丑同歲會	太陽土	少羽水運	太陽水	雨化	風化	一	雨化五	寒化一	寒化一	苦熱	苦和	苦熱
壬申同天符	壬寅同天符	少陽相火	太角木運	厥陰木				大化二	風化八	風化三	鹹寒	酸和	辛涼
癸酉同歲會	癸卯同歲會	陽明金	少徵火運	少陰火	寒化	雨化	九	燥化九	熱化二	熱化二	苦小溫	鹹寒	鹹寒
甲戌歲會同天符	甲辰歲會同天符	太陽水	太宮土運	太陰土				寒化六	退化五	退化五	苦溫	苦溫	苦熱
乙亥	乙巳	厥陰木	少商金運	少陽相火	熱化	寒化	七	風化八	淸化四	大化二	辛涼	酸和	鹹寒
丙子歲會	丙午	少陰火	太羽水運	陽明金				熱化二	寒化六	淸化四	鹹寒	鹹溫	酸溫
丁丑	丁未	太陽土	少角木運	太陰水	淸化	熱化	三	雨化五	風化三	寒化一	苦熱	苦和	甘熱
戊寅天符	戊申天符	少陽相火	太徵火運	厥陰木				大化七	火化七	風化三	鹹寒	甘和	辛涼
乙卯	乙酉	陽明金	少宮土運	少陰火	風化	淸化	五	淸化九	雨化五	熱化七	苦小溫	甘和	鹹寒
庚辰	庚戌	太陽水	太商金運	太陰土				寒化一	淸化九	雨化五	苦熱	辛溫	甘熱
辛巳	辛亥	厥陰木	少羽水運	少陽相火	雨化	風化	一	風化三	寒化一	火化七	辛涼	苦和	鹹寒
壬午	壬子	少陰火	太角木運	陽明金				熱化二	風化八	淸化四	鹹寒	酸和	酸溫
癸未	癸丑	太陽土	少徵火運	太陽水	寒化	雨化	九	雨化五	火化二	寒化一	苦熱	鹹溫	甘熱
甲申	甲寅	少陽相火	太宮土運	厥陰木				大化二	雨化五	風化八	鹹寒	鹹和	辛涼
乙酉太一天符	乙卯天符	陽明金	少商金運	少陰火	熱化	寒化	七	燥化四	淸化四	熱化二	苦小溫	酸和	鹹寒
丙戌天符	丙辰天符	太陽水	太羽水運	太陰土				寒化六	寒化六	雨化五	苦熱	鹹熱	甘熱
丁亥天符	丁巳天符	厥陰木	少角木運	少陽相火	淸化	熱化	三	風化三	風化三	火化七	辛涼	辛和	鹹寒
戊子天符	戊午太一天符	少陰火	太徵火運	陽明金				熱化七	火化七	淸化九	鹹寒	甘和	酸溫
己丑太一天符	己未太一天符	太陽土	少宮土運	太陽水	風化	淸化	五	雨化五	雨化五	寒化一	苦熱	甘和	甘熱
庚寅	庚申	少陽相火	太商金運	厥陰木				大化七	淸化九	風化三	鹹寒	辛溫	辛涼
辛卯	辛酉	陽明金	少羽水運	少陰火	雨化	風化	一	淸化九	寒化一	熱化七	苦小溫	苦和	鹹寒
壬辰	壬戌	太陽水	太角木運	太陰土				寒化六	風化八	雨化五	苦熱	酸和	甘熱
癸巳同歲會	癸亥同歲會	厥陰木	少徵火運	少陽相火	寒化	雨化	九	風化八	大化二	火化六	辛涼	鹹溫	鹹寒

九宮 災方

1. 協蟄宮 北方
2. 玄委宮 西南方
3. 倉門宮 東方
4. 陰洛宮 東南方
5. 招搖宮 中央
6. 新洛宮 西北方
7. 倉果宮 西方
8. 天留宮 東北方
9. 上天宮 南方

八風

1. 東北風(炎風)
2. 東風(條風)
3. 東南風(惠風)
4. 南風(巨風)
5. 南西風(涼風)
6. 西風(膠風)
7. 西北風(麗風)
8. 北風(寒風)

제 4장 干支의 變化

六十甲子運氣 解說

甲子, 甲午年은 土運太過로 宗司는 少陰司天이요 陽明在泉이다. 運은 陰雨로 장마요 變은 지진, 돌풍, 호우인 진경(震驚)이고 표취(驃驟)다. 化는 時雨濡潤(유윤)한다. 질병은 토운태과로 위장병, 복만, 신장병, 신중(身重) 등이다. 部主의 主運의 순서는 太角, 少徵, 太宮, 少商, 太羽이고 客運의 순서는 太宮, 少商, 太羽, 太角, 少徵다.

丙子丙午年은 水運太過로 宗司는 少陰司天이요, 陽明在泉이고 丙子年은 歲會다. 變은 눈이나 우박인 빙설, 상박(霜雹)이요 運은 酷寒인 추위요, 化는 혹한 응참(凝慘)이고 추위에 떠는 율렬(溧冽)이다. 部主의 主運순서는 太角, 少徵, 太宮, 少商, 太羽이고 客運순서는 太羽, 太角, 少徵, 太宮, 少商이다. 질병은 수운태과로 신장, 심장병, 五官 기능이 저하된다.

戊子戊午年은 火運太過로 宗司는 少陰司天이요 陽明在泉이고 戊子는 天符, 戊午는 太一天符다. 運은 더위가 기승을 부리는 炎暑, 變은 더운 炎烈고 河川도 끓어오른다는 沸燈(불등)이요 化는 덥고 햇빛이 강한 훤요(喧曜), 무더운 울욱(鬱燠)이요, 病은 上氣症(상기증)으로 열이 머리로 오르는 상열, 출혈하는 혈일(血溢)이다. 主運의 순서는 少角, 太徵, 少宮, 太商, 少羽이고 客運은 太徵, 少宮, 太商, 少羽, 少角이다.

庚子庚午年은 金運太過로 宗司는 少陰司天이요 陽明在泉인데 太過인 金運이 司天인 少陰의 火氣에 그 기세가 꺾이므로 金運平氣가 된다. 運은 서늘한 기운이 강한 涼勁(양경)이요 變은 오그라들고 시들게 하는 숙살조영(肅殺凋零)이요, 化는 안개와 이슬인 霧露(무로), 蕭颻風(소슬풍)이요, 病은 폐, 심장, 하반신에 냉기가 도는 下淸이다. 主運의 순서는 少角, 太徵, 少宮, 太商, 少羽이고, 客運

의 순서는 太商, 少羽, 少角, 太徵, 少宮이다.

壬子壬午年은 木運太過로 宗司는 少陰司天이요, 陽明在泉이다. 運은 바람의 소리를 내는 풍고(風鼓)요 變은 烈風이 불어서 피해를 입히는 진랍(振拉), 초목을 꺾고 뽑는 摧拔(최발)이고, 化는 부드러운 鳴紊豊(명문풍)이요, 생명의 陽氣를 여는 開坼(개탁)이다. 病은 간, 비장, 폐에 있고 겨드랑이가 붓고 땡기는 지만(支滿)이다. 主運의 순서는 太角, 少徵, 太宮, 少商, 太羽이고, 客運의 순서도 같다.

여기까지의 10년은 少陰司天의 해로 十二支中 子午이고 十干은 陽干이다.

乙丑乙未年은 金運不及으로 宗司는 太陰司天이요, 太陽在泉이고 金運의 不及을 타고 火氣가 勝을 行한다. 炎熱을 제멋대로 行하면 金의 子인 水氣가 같은 정도의 寒氣로 母의 復讐(복수)를 行한다. 運은 金運의 涼과 勝을 行하는 火의 熱과 復을 行하는 水의 寒이다. 主運의 순서는 太角, 少徵, 太宮, 少商, 太羽이고, 客運의 순서는 少商, 太羽, 太角, 少徵, 太宮이다.

丁丑丁未年은 木運不及으로 宗司는 太陰在泉이고 木運의 不及을 타고 金氣가 勝을 行하여 淸涼의 氣를 제멋대로 行하면 火氣가 같은 정도의 강하기로 暑熱의 復을 行하게 된다. 이해는 太陰司天의 土氣와 木運不及이 서로 어울려 土運平氣와 같은 化育이 이루어진다. 運은 不及인 木運의 風과 勝을 行하는 金의 淸涼과 復을 行하는 火의 熱이다. 主運의 순서는 少角, 太徵, 少宮, 太商, 少羽이고, 客運의 순서도 같다.

己丑己未年은 土運不及으로 宗司는 太陰司天이요, 太陽在泉이고, 모두 太一天符다. 土運의 不及을 타고 木氣가 勝을 行하여 風氣를 제

멋대로 하면 金氣가 같은 정도의 강하기로 淸凉의 復을 行한다. 이 해는 太陰司天의 土氣가 土運不及을 도와 土運平氣의 化育이 이루어진다. 運은 不及土運의 雨濕과 勝을 行하는 木의 風과 復을 行하는 金의 淸凉이다. 主運의 순서는 少角, 太徵, 少宮, 太商, 少羽이고 客運의 순서는 少宮, 太商, 少羽, 少角, 太徵다.

辛丑辛未年은 水運不及으로 宗司는 太陰司天이요, 太陽在泉이고 水運의 不及을 타고 土氣가 勝을 行하여 雨濕을 제멋대로하면 木氣가 같은 정도의 강하기로 風氣의 復을 行한다. 이 해는 太陰司天의 土氣와 水運不及이 서로 어울려 土運平氣와 같은 化育이 이루어진다. 運은 不及인 水運의 寒과 勝을 行하는 土의 雨와 復을 行하는 木의 風이다. 主運의 순서는 少角, 太徵, 少宮, 太商, 少羽이고 客運은 少羽, 少角, 太徵, 少宮, 太商이다.

癸丑癸未年은 火運不及으로 宗司는 太陰司天이요 太陰在泉이고 火運不及을 타고 水氣가 勝을 行하여 寒氣를 제멋대로 行하면 土氣가 같은 정도의 강하기로 雨濕의 復을 行한다. 運은 不及인 火運의 熱과 勝을 行하는 水의 寒과 復을 行하는 土의 雨濕이다. 主運의 순서는 太角, 少徵, 太宮, 少商, 太羽이고, 客運은 少徵, 太宮, 少商, 太羽, 太角이다.

여기까지의 10년은 太陰司天의 해로 十二支中 丑未이고 十干中 陰干이다.

丙辰丙戌年은 水運太過로 太陽司天이요 太陰在泉이고 天符이다. 運은 추운 寒이요, 變은 눈, 우박, 얼음, 서리 등의 氷雪霜雹(빙설상박)이요 化는 혹한으로 엉기는 凝慘 강한 寒氣의 冽凓이요, 病은 신장, 방광, 심장에 있으니 관절이 아프고 太寒이 谿谷에 머문다.

主運의 순서는 太角, 少徵, 太宮, 少商, 太羽이고 客運은 太羽, 太角, 少徵, 太宮, 少商이다.

戊辰戊戌年은 火運太過로 太陽司天이요, 太陰在泉이다. 火運의 太過가 太陽의 寒氣에 제어(制御)되므로 火運平氣의 해가 된다. 運은 더운 熱이요, 變은 열기가 심한 炎烈, 河川이 끓는 沸騰이요 化는 더운 喧暑(훤서), 熱이 모여 찌는 듯한 鬱蒸(울증)이다. 病은 심장, 신장에 있고 鬱熱症(울열증)이다. 主運의 순서는 少角, 太徵, 少宮, 太商, 少羽이고 客運은 太徵, 少宮, 太商, 少羽, 少角이다.

庚辰庚戌年은 金運太過로 太陽司天이요, 太陰在泉이다. 運은 차갑고 서늘한 涼이요 變은 오므리고 쪼그라들게 하는 肅殺 시들게 하는 凋零(조영)이다. 化는 안개와 이슬의 霧露 가을바람의 寒氣를 담은 蕭飋風(소슬풍), 病은 폐와 신장, 심장에 있으니 목이 건조한 燥, 등이 굳어지고 아픈 背瞀(배무), 가슴이 가득하고 답답한 胸滿(흉만)이다. 主運의 순서는 少角, 太徵, 少宮, 太商, 少羽이고, 客運은 太商, 少羽, 少角, 太徵, 少宮이다.

壬辰壬戌年은 木運太過로 太陽司天이요 太陰在泉이고 運은 바람부는 風이요, 變은 熱風이 불어 만물을 傷害(상해)하는 振拉, 草木을 꺾고 뽑는 摧拔(최발)이요, 化는 온화한 바람의 鳴紊(명문), 생명의 陽氣를 열게 하는 開坼(개탁)이요, 病은 간, 폐, 신장에 있으니 현기증, 빈혈, 눈질환의 目瞑(목명)이다. 主運의 순서는 太角, 少徵, 太宮, 少商, 太羽이고 客運의 순서도 같다.

甲辰甲戌年은 土運太過로 太陽司天이요, 太陰在泉이고 歲會이다. 運은 연기가 자욱한 것 같이 어둡고 탁한 陰埃(음애)로 황사와 같다. 變은 지진, 돌풍, 호우, 진경, 표취요 化는 부드럽고 생기있는 柔閏(유윤), 때때로 젖는 重澤(중택)이요, 病은 비위장, 신장, 심장에 있으니 濕(습)에 의한 관절, 허리가 뻐근하고 아래가 무겁고 나른한 下重, 당뇨 등이다. 主運의 순서는 太角, 少徵, 太宮, 少商, 太羽이고 客運은 太宮, 少商, 太羽, 太角, 少徵이다.

여기까지의 10년은 太陽司天의 해로 十二支中 辰戌이고 十干中 陽干이다.

丁巳丁亥年은 木運不及으로 厥陰司天이고 少陽在泉이며 天符의 해이다. 木運의 不及을 타고 金氣가 勝을 行하고 淸凉의 권세를 휘두르면 火氣가 같은 정도의 熱로서 復를 행사한다. 따라서 木運의 不及을 厥陰司天의 木氣가 補하므로 木運平氣가 된다. 運은 不及인 木運의 風과 勝을 行하는 金의 淸凉과 復을 行하는 火의 熱이다. 主運의 순서는 少角, 太徵, 少宮, 太商, 少羽이고 客運의 순서도 같다.

己巳己亥年은 土運不及으로 厥陰司天이요 少陽在泉이고 土運의 不及을 타고 木氣가 勝을 行하여 風氣를 제멋대로 하면 金氣가 같은 정도로 淸凉의 復을 行하게 되지만 厥陰司天의 木氣가 土運의 不及과 서로 어울려 木運平氣와 같은 정도의 化育이 진행된다. 運은 不及인 土運의 雨와 勝을 行하는 木의 風과 復을 行하는 金의 淸凉이다. 主運의 순서는 少角, 太徵, 少宮, 太商, 少羽이고 客運은 少宮, 太商, 少羽, 少角, 太徵이다.

辛巳辛亥年은 水運不及으로 厥陰司天이요 少陽在泉이고 水運의 不及을 타고 土氣가 勝을 行하며 雨濕을 제멋대로 하면 木氣가 같은 정도의 風으로서 復을 行한다. 運은 불급인 水運의 寒과 勝을 行하는 土의 雨와 復을 行하는 木의 風이다. 主運의 순서는 少角, 太徵, 少宮, 太商, 少羽이고, 客運은 少羽, 少角, 太徵, 少宮, 太商이다.

癸巳癸亥年은 火運不及으로 厥陰司天이고 少陽在泉이고 火運의 不及을 타고 水氣가 勝을 行하여 寒氣를 제멋대로 하면 土氣가 같은 정도의 雨濕으로 復을 行한다. 運은 不及인 火運의 熱과 勝을 行하는 水의 寒과 復을 行하는 土의 雨이다. 主運의 순서는 太角, 少徵, 太宮, 少商, 太羽이고 客運은 少徵, 太宮, 少商, 太羽, 太角이다.

乙巳乙亥年은 金運不及으로 厥陰司天이요, 少陽在泉이고 金運不及을 타고 火氣가 勝을 行하여 熱氣를 제멋대로 하면 水氣가 같은 정도로 寒氣의 復을 行한다. 厥陰司天의 木氣가 金運不及과 어울려 木運平氣와 같은 化育이 이루어진다. 運은 不及인 金運의 凉과 勝을 行하는 火의 熱과 復을 行하는 水의 寒이다. 主運의 순서는 太角, 少徵, 太宮, 少商, 太羽이고, 客運은 少商, 太羽, 太角, 少徵, 太宮이다.

여기까지의 10년은 厥陰司天의 해로 十二支中 巳亥이고 十干中 陰干이다.

戊寅戊申年은 火運太過로 少陽司天이요 厥陰在泉이고 天符의 해이다.

運은 더운暑

變은 더위가 심하여 河川도 끓어 오르는 炎熱 沸騰이요

化는 괴롭도록 무더운 暄嚻(훤효) 鬱燠(울욱)이요

病은 심장, 폐, 신장에 있고 熱血이 치솟는 상기중 이목구비에서 피가 나는 血溢 下血하는 血泄, 心臟部(심장부)가 아픈 心痛이다.

主運의 순서는 少角, 太徵, 少宮, 太商, 少羽이고

客運은 太徵, 少宮, 太商, 少羽, 少角이다.

庚寅 庚申年은 金運太過로 少陽司天이요 厥陰在泉이고 金運의 太過가 少陽의 火에 그 지나친 氣勢를 制御 당하므로 金運平氣가 된다.
運은 서늘한 凉이요
變은 오그라들게 하여 죽이는 肅殺, 시들어 떨어뜨리는 凋零이요
化는 안개나 이슬인 霧露, 차갑기가 날카로운 淸切이요
病은 폐, 간, 심장에 있고 등이나 어깨가 뻐근하고 아픈 肩背, 가슴이 답답하거나 아픈 胸中 胸滿이다.
主運의 순서는 少角, 太微, 少宮, 太商, 少羽이고
客運은 太商, 少羽, 少角, 太微, 少宮이다.

壬寅 壬申年은 木運太過로 少陽司天이요 厥陰在泉이고
運은 바람이 소리를 내는 風鼓요
變은 熱風이 불어 상하게 하는 振拉, 초목을 꺾고 뽑은 摧拔이요
化는 온화한 바람이 부는 鳴靡(명미), 모든 생명의 陽氣를 여는 啓坼(개탁)이요
病은 간, 심장, 폐에 있고 어질어질하고 흔들리는 眩掉(현도), 겨드랑이가 당기는 支滿 깜짝깜짝 놀래는 驚駭(경해)다
主運의 순서는 太角, 少微, 太宮, 少商, 太羽이고
客運도 순서가 같다.

甲寅 甲申年은 土運太過로 少陽司天이요 厥陰在泉이고
運은 장마인 陰雨요
變은 地震, 突風, 豪雨(호우)인 震驚飄驟(진경표취)요
化는 부드럽고 촉촉한 柔潤(유윤)이요 때로 습한 重澤이요
病은 비위장, 폐, 심장, 간에 있고 몸이 무겁고 나른한 신중, 부종이 생

겨서 붓고 가슴이 막히는 痞飮이다.
主運의 순서는 太角, 少徵, 太宮, 少商, 太羽이고
客運은 太宮, 少商, 太羽, 太角, 少徵이다.

丙寅 丙申年은 水運太過로 少陽司天이요, 厥陰在泉이고
運은 寒氣로 오그라드는 寒肅이요
變은 눈, 우박, 서리나 얼음으로 氷雪霜雹(빙설상박)이요 化는 혹한으로 凝慘(응참), 추위에 떠는 溧洌(율렬)이요
病은 신장, 심장, 간에 있으니 寒氣에 괴로운 手足冷(수족냉) 몸이 붓는 浮腫(부종)이다.
主運의 순서는 太角, 少徵, 太宮. 少商, 太羽이고
客運은 太羽, 太角, 少徵, 太宮, 少商이다.
  여기까지의 10년은 少陽司天의 해로 十二支中 寅申이고 十干中 陽干이다.

己卯己酉年은 土運不及으로 陽明司天이요 少陰在泉이고
土運의 不及을 타고 木氣가 勝을 行하여 風氣를 제멋재로 휘두르면 金氣가 같은 정도로 淸凉의 復을 행사한다.
運은 不及인 土運의 雨와 勝을 行하는 木의 風과 復을 行하는 金의 凉이다.
主運의 순서는 少角, 太徵, 少宮, 太商, 少羽이고
客運은 少宮, 太商, 少羽, 少角, 太徵이다.

辛卯辛酉年은 水運不及으로 陽明司天이요 少陰在泉이고
水運의 不及을 타고 土氣가 勝을 行하여 雨濕을 제멋대로 하면 木氣

가 같은 정도로 風의 復을 行한다.
運은 不及인 水運의 寒과 勝을 行하는 土의 雨와 復을 行하는 木의 風이다.
主運의 순서는 少角, 太徵, 少宮, 太商, 少羽이고
客運은 少羽, 少角, 太徵, 少宮, 太商이다.

癸卯癸酉年은 火運不及으로 陽明司天이요 少陰在泉이고
火運의 不及을 타고 水氣가 勝을 行하여 寒冷의 作用을 제멋대로 하면 土氣가 같은 정도로 雨濕의 復을 行한다.
이해는 陽明司天의 金氣와 火運不及이 서로 어울려 金運平氣와 같은 化育을 행한다.
運은 不及인 火運의 熱과 勝을 行하는 水의 寒과 復을 行하는 土의 雨이다.
主運의 순서는 太角, 少徵, 太宮, 少商, 太羽이고
客運은 少徵, 太宮, 少商, 太羽, 太角이다.

乙卯乙酉年은 金運不及으로 陽明司天이요. 少陰在泉이고 乙卯는 天符이고 乙酉는 天符이고, 世會이므로 太一天符다.
金運의 不及을 타고 火氣가 勝을 行하여 炎暑를 제멋대로 하면 水氣가 같은 징도로 寒冷의 復을 行한다. 運은 不及인 金運의 凉과 勝을 行하는 火의 熱과 復을 行하는 水의 寒이다.
主運의 순서는 太角, 少徵, 太宮, 少商, 太羽이고
客運은 少商, 太羽, 太角, 少徵, 太宮이다.

丁卯丁酉年은 木運不及으로 陽明司天이요, 少陽在泉이고 丁卯는 世

會이다.

木運의 不及을 타고 金氣가 勝을 行하고 淸凉의 作用을 제멋대로 하면 火氣가 같은 정도로 暑熱의 復을 行한다.

運은 不及인 木의 風과 勝을 行하는 金氣의 淸凉과 復을 行하는 火氣의 熱이다.

主運의 순서는 少角, 太徵, 少宮, 太商, 少羽이고

客運의 순서도 같다.

여기까지의 10년은 陽明司天의 해로 十二支中 卯酉이고 天干은 陰干이다.

이렇게 하여 60년의 運氣가 반복된다.

제5장
變化의 歷史

　天符經의 來用變不動(래용변부등)이라는 구절이 있다.
　來는 往來(왕래)요 왕래는 時間이다. 用은 活用이요 變(변)은 時間의 꼴이요 모양이다. 不動은 움직이지 않음이니 空間이다.
　歷史란 산자가 쓴 기록문이요 칼든 자가 고쳐 쓴 기록이다. 시간은 영원에서부터 흘러서 영원으로 흘러간다. 그래서 강물과 같다 한다. 그리고 강물은 역사와 같다. 구불구불 흘러가면서 흔적을 만든다. 그리고 흘러가는 강물은 누구나 퍼다 쓴다. 농민도 퍼다 쓰고 도둑놈도 퍼다 쓰고 퍼다 쓰는 방법만 다를 뿐 물을 쓰는 것은 다 같다. 거지도 쓰고 왕도 쓰고 귀족도 쓰고 미인도 쓰고 갓 태어난 아기도 쓴다. 시간도 같은 용도로 쓰인다. 시간의 흔적이 역사다. 그 흔적 속에 공자나 맹자도 있었고 도척이란 도둑놈도 있었고 고구려도 있었고 신라, 백제도 있었다. 여기에 東洋學(陰陽五行과 六十甲子)이란 주제를 놓고도 무수한 변천사가 흐르고 있다.

멀리는 우리 민족의 개국시조인 단군으로부터 오늘에 이르기까지 헤아릴수 없을 만큼의 많은 명인 재사들이 이론을 만들고 주장들을 폈다. 심지어는 우리 민족의 개국년도도 기원전 2333년이라고 기록했던 주장마져 퇴색하고 있다. 재야 사학자들에 의하여 개국 9000년사가 등장하고 여기에 대하여 그 누구도 판정을 내릴 수 없는 상황이다.

지금 필자가 쓰고 있는 우주변화에 대한 이야기도 크게 다르지 않다고 본다. 멀리는 복희씨의 하도에서부터 문왕의 낙서, 소강절선생의 원회운세론, 김일부선생의 정역, 한동석 선생의 우주변화의 원리에 이르기까지 끊임없는 논리전개식이며 "이것이다." 라는 것은 없고 주장하는 분들마다 조금씩 다르다. 그리고 해설서들은 더욱 다르다.

필자가 수년전 부천에서 호은 심재식 선생님을 만났다. 龜算易(구산역: 周易)의 저자로 그 동안의 일반적인 답습을 피하고 피부에 와 닿는 실용성에 무게를 두었다. 하지만 안타깝게도 세인의 이목을 끌기도 전에 시간속 에 묻히고 말았다. 東洋學으로서는 가슴 아픈 일이다.

1. 八卦의 變化
生數와 成數

生數 天一生水　　　成數 五 + 一 = 六은 陰이니 實體요
　　　地二生火　　　　　　五 + 二 = 七은 陽이니 女性生理요
　　　天三生木　　　　　　五 + 三 = 八은 陰이니 男性生理요
　　　地四生金　　　　　　五 + 四 = 九는 陽이니 分列의 極이요
　　　天五生土　　　　　　五 + 五 = 十은 陰이니 成(始終)이다.

하나는 둘을 낳으니(하늘은 땅을 낳으니) 空間이요, 둘은 셋을 낳으

니(天地가 凝氣하여 事物을 낳으니) 生이요 時間이다. 셋은 넷을 낳으니 四象이요, 넷은 다섯을 낳으니 五行이다.

空間 2×2=4(四象이요 四方이요 天地의 基準이다.)

2×4=8(八方이요 八象이요 八卦요)

2×5=10(天分, 十干이요) 天運五行이 음양으로 나뉘니 天干十이다.

8×8=64(六十四卦요, 天地間變化의 空間이다.)

時間 3×3=9(天人地× 과거현재미래, 9宮8風이요)

3×4=12(運三四成環, 1일 12시요 1년 열 두달이고 地分十二支다)地氣六氣가 음양으로 나뉘어 十二支다.

3×5=15(一候는 五日이고 三候는 十五日이니 一節이요, 一年 24節氣다.)

時空間

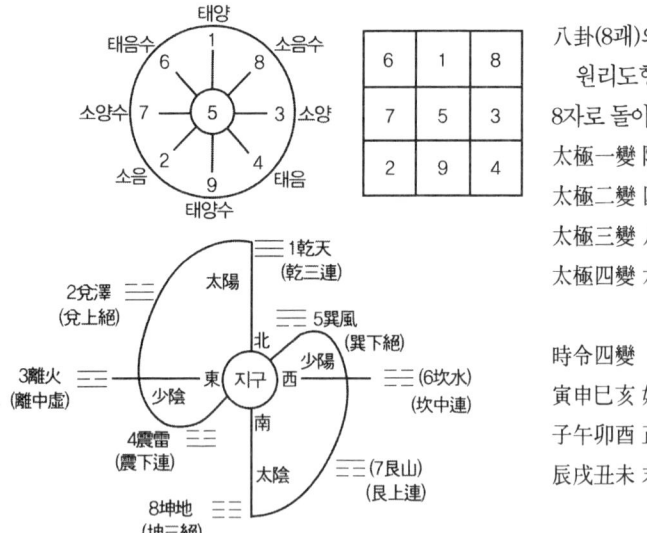

八卦(8괘)의
　원리도형(太極圖)
8자로 돌아간다.
太極一變 陰陽(兩儀)
太極二變 四象(四方)
太極三變 八卦(八方)
太極四變 六十四卦(360°)

時令四變
寅申巳亥 始令 驛馬(四象)
子午卯酉 正令 桃花(正位)
辰戌丑未 末令 華蓋(變化)

宇宙가 陰陽을 낳으니 天地(兩儀)요 陰陽이 四象을 낳으니 건곤감리요 四象이 八卦를 낳으니 건곤감리 손진간태다. 八卦가 兩變하니 六十四卦다.

이로서 天地間 만물이 生長하고 宇宙律呂가 안정되었다.

2. 四物놀이

變化

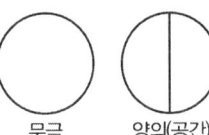
무극 양의(공간)

사상(공간+시간)

四季

四核子

四物놀이는 한국문화의 한 마당이다. 四物의 의미는 四季와 四神을 뜻한다.

四物은 四象과 四方, 四季를 바탕으로 하며 四神을 用으로 한다.

四物의 상징과 배경

象　形	秋(가을)	冬(겨울)	春(봄)	夏(여름)
四季	金(흡입)	水(압축)	木(폭발)	火(배기)
四物	징(徵)	북(北, 太鼓)	장구(長久, 杖鼓)	꽹과리(錚, 小金)
四象	少陽	太陰	少陰	太陽
四方	坎	坤	離	乾
四方	西	北	東	南
四卦	☵(坎中運)	☷(坤三絶)	☲(離中虛)	☰(乾三連)
四神	白虎	玄武	靑龍	朱雀
四神	雷公	雨師	風伯	雲師
형상	堅成	流衍	發生	赫曦
양태	收引	封藏	啓陳	蕃茂
四格	從革	涸流	委和	伏明

제 5장 變化의 歷史

四物놀이의 사물은 四時를 상징한다. 징(徵)은 가을과 法을 상징한다. 그래서 죄를 다스리는 소리다. 사기를 쫓는다. 숙살의 기운을 내포하고 있다. 따라서 무당이 이 징을 울리면서 귀신(세균)을 쫓는다. 채는 어른 주먹보다 더 크다.
　북(北)은 太鼓라고도 하는데 겨울과 위엄을 뜻한다. 바다가 우는 소리다.
　북은 소가죽으로 나무통을 싸서 만든다. 채는 어린이 주먹만하다.
　장구(長久)는 장고라고도 하는데 지구를 형상한 악기다. 지구가 남북으로 휘두르면서 회전하니 적도가 잘록하여 장구의 가운데가 잘록하다. 지구를 북반구와 남반구로 나눈 형상이다. 이것은 또한 陰陽으로 나누고 陽을 의미하는 한쪽은 말가죽으로 씌우고 陰을 의미하는 한쪽은 소가죽으로 씌우고 한쪽은 子丑寅卯辰巳를 상징한 6개의 고리를 만들고 한쪽은 午未申酉戌亥를 상징한 6개의 고리를 만들어 음양을 묶으니 줄이 열둘이요, 오른쪽 장구채는 회초리요, 왼쪽 북채는 五行을 상징하여 손이다.
　꽹과리는 錚(쟁) 또는 小金(소금)이라고도 하는데 불타는 소리를 내어 여름을 뜻한다.
　농악에서는 꽹과리를 치는 자가 꼭두쇠다. 농악에는 소구(小鼓소고), 꽃갈, 무복, 탈, 상모(象毛), 다리병신, 팔병신, 애꾸눈이, 꼽추, 봉사(장님)등 온갖 놀이기구와 온갖 사람들이 함께 모여 벌이는 놀이마당이다. 이로 인하여 동고동락 홍익인간을 발현하는 놀이다.
　다시 말하면 四物은 四神(雷公, 雨師, 風伯, 雲師)을 상징하고 우주자연을 뜻하여 四物이 앞장서고 그 뒤를 만물이 순응하는 자세로 따른다. 즉 우리민족은 자연과 함께 온갖 부류와 함께 동고동락한다는 의미의 문화를 지향하는 마당놀이인 것이다. 작대기, 지게, 쇠망치 등

의 온갖 농기구를 들고 후미를 형성하면서 함께 즐기고 먹고 마시고 놀았다/

이러한 농악놀이는 앞에서 밝힌바와 같이 달명절이면 어김없이 펼쳐졌던 옛날이 있었다. 이 놀이는 상부상조 이화세계의 실현이었다.

3. 우리말의 모양과 소리

우리 민족은 지구역사로 현재 6대손인 인류의 시조격이다.

宇宙萬物중에 오직 인간만이 역사를 창조할 수 있는 힘의 원천은 무엇인가?

하나는 도구를 사용하는 인간의 지혜요, 또 하나는 문자를 만들어 기록을 남기는 일일 것이다. 그 좋은 예로 돌맹이를 던져서 새나 토끼를 사냥하던 원시로부터 총을 쏘아 맹수를 잡는 오늘이 있게 하는데 있어서 기록이 아니었더라면 불가능했을 것이기 때문이다.

이처럼 우리민족은 일찍이 문자를 만들어 기록을 남겼으니 첫째는 만물의 형상을 그림으로 이 그림을 다시 문자로 만들었으니 이름하여 상형문자라고하는 漢字다 즉 우리말의 모양이다.

두 번째는 만물의 소리를 그대로 옮겨 쓴(표현) 소리문자라고 하는 韓吃(한글)이다. 즉 우리말의 소리글이다. 모양글이야 누구나 만들 수 있다고 쳐도 그 예술적 가치를 발휘하고 그 의미가 우주의 이치와 합일하게 하는 지혜는 그 누구도 불가능하다.

또한 한글(韓吃)은 어떠한가? 한글(소리글) 또한 우주의 이치를 끌어내고 우주의 소리를 형상화하였으니 그 누가 감히 흉내를 낼 수 있을 것인가? 그 뿐인가? 글자도 음양의 이치를 따져 한문은 陰이요 한글은 陽이니 한문은 만물실체의 형상이요, 한글은 우주만성의 파장을 담았음이다. 더욱이 한글은 3대 가륵단군 재위시 三郞乙普勒(3랑을

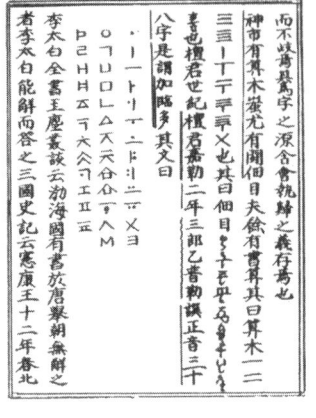

보륵)에 의하여 정음 38자가 지어졌음을 기록하고 있다. 그렇다면 正形文(한문)은 그 이전에 지어졌다는 결론이 나온다. 그것도 한민족 9000년 역사라고 하면 한글과 한문의 역사는 9천년을 헤아린다고 보아야 옳다.

宇宙의 소리를 형상화 하다.(正音文의 初聲,中聲, 終聲의발생양태)

舌音(설음): ㄴ, ㄷ, ㄹ, ㅌ
南, 火, 夏, 위로 아래로 사방으로 퍼지는 형상

喉陰 (후음)
ㅇ, ㅎ

모든 소리를 표현하는데
모체, 몸통의 형상(中聲)

西, 金, 秋, 줄기의 뿌리
열매의 형상
齒音(치음): ㅅ, ㅈ, ㅊ

土
中央
母音(모음)
ㅏㅑㅓㅕㅗㅛㅜㅠ

東, 木, 春 힘을 쓰고 세상
밖으로 나오는 형상
牙音(아음): ㄱ, ㅋ

北, 水, 冬 감추고 오므리고 고정된 형상
脣音(순음): ㅁ, ㅂ, ㅍ

正音文 구성의 예

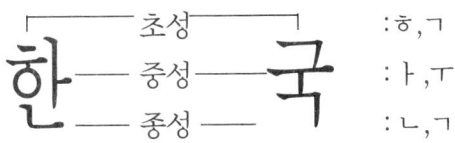

正音文의 발음 4성의 예

去聲(거성) — 左加一點(좌가일점) — ·l(높은 소리)
上聲(상성) — 左加二點(좌가이점) — :l(긴 소리)
平聲(평성) — 無卽平聲(무즉평성) — l(낮은 소리)
入聲(입성) — 加點同而促急) — :(짧은 소리)

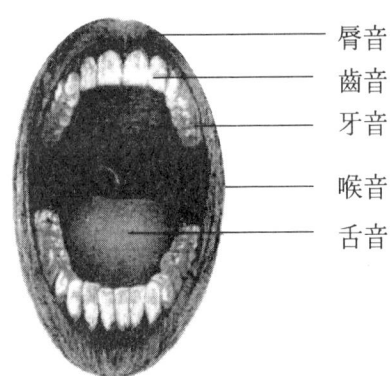

더우기 正形文(한문)은 正音文보다 훨씬 이전에 만들어졌음을 유추할 수 있는데 그 기록이 "桓檀古記(환단고기)"다. 환단고기의 檀君世紀(단군세기)에 古記云(고기운)王儉父檀雄母(왕검부단웅모) 熊氏王女(웅씨왕녀) 辛卯 五月二日 寅時生(신묘 5월2일 인시생)이라고 적혀 있다. 즉 옛 기록에 이르되 왕검의 아버지인 단웅의 어머니 왕녀 웅씨는 신묘년 5월2일 인시에 태어났다는 것이다. 이 기록에 의하면 그

때 이미 六甲年號(육갑년호)를 사용하고 있다. 六甲年號는 무엇인가? 陰陽五行과 十干十二支가 이미 활용되고 있음을 시사하고 있다.

중국역사에 六甲年號를 처음 사용한 해는 기원전 183년 丙寅年으로 알고 있다. 이러한 문자나 학문, 역사기록의 혼란은 시간을 거슬러 올라가 아시아대륙을 지배했던 한민족이 세운 대주선인국(고조선)이 무너져 지방 각 제후들이 저마다 나라를 세웠으니 이름하여 춘추전국시대다. 이때를 훗날 천하도에 나타내기를 81개국이라 하였다. 이러한 춘추전국시대가 일천여년을 이합집산하다가 BC250여 년경 진나라 시왕이 천하를 통일하기에 이른다. 이때 천하통일의 주역인이 이사와 시왕의 생부인 여불위가 교활한 음모를 꾸몄으니 焚書坑儒(분서갱유)다 즉 기득권 세력들의 말살과 그들이 지니고 있던 역사책을 없애는 일이었다. 다시 말하면 고조선의 왕족 귀족들이 모여 살던 곳이 선비촌이었는데 이곳 백성과 이들이 지녔던 옛 기록들을 없애버린 것이다.

이때부터 우리는 역사와 전통을 잃어버리고 변방 부족국가로 전락되었다.

고구려 때 잠시 권토중래하는 듯 했으나 신라의 뒷북작전에 휘말려 꿈은 사라지고 신라는 어용국가로, 장장 1200여 년 간 한민족의 수난시대를 만든 결과가 되고 말았다. 이 결과에 의하여 우리의 전통, 역사, 문자, 문화가 비빔밥이 되어버린 셈이다.

  지금도 늦지 않다. 문자를 바로 세우고, 역사와 문화, 전통을 바로 잡아 우리의 후손들이 미래세계를 맞이함에 있어 인류의 리더로서 거듭날 수 있도록 힘써야 할 것이다.

  필자는 10여 년 전에 "우리말의 모양과 소리" 라는 제목 하에 正形文과 正音文에 대한 글을 써 놓았었다. 그러나 개인적인 사정으로 인하여 아직까지 출판을 못하고 미루어져 왔는데 이 글이 끝나는대로 출판할 계획이다.

天下地圖

이 天下圖는 19세기 초에 그려진 조선조의 민화로써 지구의 정확한 모양을 알 수 없던 옛 사람들의 의식세계를 재미있게 나타내고 있습니다.

중국이 세계의 한 가운데 있다해서 주위에 있던 모든 나라를 오랑캐처럼 생각했던 중국 사람들의 의식이 중국을 대국시했던 조선민화에도 어쩔 수 없이 나타나 있습니다.

그러나「지구는 둥근데 어찌 저희들만 세계의 중화라 하느냐? 둥근 지구를 놓고보면 우리 朝鮮또한 세계의 중심이 아니더냐?」하시며 일갈 하시던 丹齋 申采浩선생님의 말씀처럼 오늘의 우리는 우리 민족의 자존의 눈을 뜰 때이니 진정한 우리 민족의 내면의 참 아름다움을 가꾸고 키워 나가야 할 것입니다.

북-남미에 살아온 원주민이 빙하시대에 넘어가 몽골인종이라는 학설을 유전자 연구로 확증을 하여 이목을 끌고 있다.

독일의 近刊 슈피겔지에 의하면 함부르크 대학의 피터포스터를 중심으로한 한 연구팀은 시베리아에서 알래스카 북미 중미 남미에 이르기까지 원주민들의 혈액을 검사하고 유전자를 추적, 베링해가 얼음으로 연륙됐던 원시시대에 1천명 가량의 몽골인이미주 대륙으로 건너가 서해안을 따라 남하하여 남미 끝까지 가면서 종족을 퍼뜨렸음을 알아 낸 것이다.

유전자 추적뿐 아니라 아메리칸 인디언들이 쓰는 말이 달라져 가는 과정도 추적하여 그 이동을 합리화시키고도 있다.

아메리칸 인디언과 인디오들이 인류학적으로나 신체형태상 몽골족과 흡사하다는 설은 많았다. 1902년 서울에서 발행된 영자 잡지「코리아 리뷰」는 당시 미국에서 간행된「리터라리 다이제스트」의

논문을 인용하여 미국 인디언들은 한국이민의 후예라고 보도하고 있다. 미국 고고학자 찰스 핼로크는 중-남미 깊은 산속에 폐허가 된 한 원시 촌락을 조사한 결과 문화적유사성으로 볼 때 한국이민이 틀림없으며 이들이 흩어져 중-남미와 북미 원주민을 이루었다고 추정했다. 이민 시기는 아시아와 북미가 연륙됐던 시기가 아니라 고대 중국의 폭정을 피한 한국인들의 보트피플로 추정했다.

20여 년 전에는 에콰도르에 한민족과 말이나 풍속이 흡사한 몽골족이 살고 있는 사실이 알려져 화젯거리가 됐었다. 해발 2천5백 미터의 고지에 격리되어 사는 이 오타발로 인디오는 용모가 같은데다 엉덩이에 있는 몽고반점까지 같다고 했다.

한국과 똑같은 토담집에 기거하며 흰옷을 입고 옥수수로 막걸리를 빚어 마시며 아이들을 업어 기르는 것이나 처녀총각이 머리를 땋아 내리는 것까지 같다고 했다. 에콰도르 시민권도 거부하고 자기네 문화를 고수하며 살아온 이들의 언어도 한국말과 흡사한 것이 많다고 보도됐었다.

중국의 리앙수 박사는 몽골족과 여진족의 피가 섞인

조선일보 이규태 코너(4199번)

제 5장 變化의 歷史　91

중국 북·동부에 분포하는 주민의 혈액조사를 해보니 아메리칸 인디언의 피에서만 발견된 것으로 보고된 「HB카우스보타」라는 희귀 혈액소가 발견되었다고 학계에 보고했었다.

곧 북·남미 아메리칸 원주민이 우리 한국인과 뿌리를 같이한 몽골인이라는 사실이 최첨단 과학 장비로 조사한 결과로 입증된 셈이다. 입증될수록 그 광활한 땅을 백인들에게 선점 당한 것이 억울한 느낌이 드는 것이다.

4. 역사는 칼잡이의 기록이다. 그리고 살아있는자의 기록이다.

동서고금을 떠나서 사람이 모여 사는 곳이라면 나름의 윤리도덕과 법이 존재한다. 그리고 법에는 만인이 평등하다라고 말한다. 불경도 성경도 매 한가지다. 법법자(法)의 원자를 보면 법(灋-法古字)자는 해태치(廌)와 法(법법)의 합자이다. 여기서 해태의 전설이 나온다. 인간은 사회적 동물이다. 사회 있는곳에 법있다라는 격언처럼 세상 어디를 가도 법은 존재한다. 문제는 누가 이 법을 관리하며 관리자는 얼마나 공평무사한 인물인가? 하는 것이다.

해태는 물에서 산다. 그러면서도 항상 왕의 뒤편에 있다. 조정대신들이 법을 만들고 백성들이 이 법을 지키도록 관리한다. 왕은 조정대신들이 법을 잘 지키는지를 관리감독한다. 그럼 왕은 법은 잘 지키고 있는지 누가 관리하는가? 왕이 법을 잘 지키는지를 관리감독하는 자가 곧 해태다. 만약 왕이 법을 지키지 않거나 불법을 행하면 해태는 그 즉시 왕을 물어 죽인다. 그리고 조정은 다시 왕을 선출해야 한다. 이것이 법법(灋-法古字)자 원자의 형상이요 해태의 전설이다. 그러나 언제부터인가 이 전설이 무너지고 몇몇 위정자들이 자신들의 입맛에 맞도록 법을 고치는가 하면, 자신들은 법권외의 治者(치자)로 군림하면서 법은 백성들이나 지키는 것으로 호도되기 시작하면서 법이 무너졌다. 심지어는 왕은 무치(無恥)라는 황당무계한 용어까지 만들기에 이른다.

원래 법이란 율려(律呂)다 법이란 하늘을 뜻하고 여란 땅을 뜻한다. 따라서 율려조양(律呂調陽)이라 하는데 이는 우주의 이치에 의하여 하늘과 땅(음양)이 조화롭다.라는 의미이다. 그럼 정치(政治)는 무엇인가? 정은 정야요 치는 이야다. 하였으니정치는 올바른 이치다. 즉 백성들에게 혹은 모르는 사람들에게 우주의 이치를 가르쳐 주는 것이 정치의 정해(正解)다. 그렇다면 정치는 다스리는 것이 아니고 백성들에게 세상의 이치를 가르쳐주고 함께 살아가는 방법일 뿐이다. 곧 누구는 명령하고 누구는 복종하고가 아니라는 것이다. 그럼에도 불구하고 어느 순간 치자들의 욕심이 우주의 이치를 망각하고 남용하고 악용하므로서 율려도덕이 무너진 것이다. 그리고 시간의 칼끝에서 다듬어져 돌이킬 수 없는 오늘이 되어버린 것이다.

지금도 세계 곳곳에서 이권과 권력이 손에 손잡고 부르스인지 탱고인지 왈츠인지는 모르겠지만 자신들만의 춤을 즐기고 있다. 어떤곳에서는 배고파 죽겠다고 하고, 어떤곳에서는 호화사치판이고 어떤곳에서는 학정으로 죽음의 공포에 시달리고, 어떤곳에서는 날마다 상대의 심장에 총을 겨누고 전쟁을 한다. 인간이 본성을 상실하고 개인의 부귀영화를 꿈꾸면서부터 인류는 사악해졌다. 우리 조상님이신 국조 단군께선 함께하는 세상으로 동고동락하고 상부상조하라고 하셨다. 이 교훈은 동서고금을 통하여 인류를 위한 인간사회를 위한 최초최후의 명언이다.

5. 삼촌이 조카 장짐 나른다.

漢民族, 韓民族, 恨民族, 汗民族 그들은 누구인가?

아시아 대륙을 지배했던 대주선인국의 종족이다. 단군의 후예들이다. 고조선이 붕괴되고 장장 3천년을 변방을 떠돌며 위대한 조상님들의 혼을 지키려고 온갖수모와 멸시, 살육을 견디며 한반도라고 하는 좁은 공간에서 잔뜩 웅크리고 있는 우리들이다.

21세기!

압력이 강하면 강할수록 폭발도 강하고 크다. 인류 역사상 전무후무한 3천년의 내공을 다진 우리는 위대한 단군의 후예가 아닌가!

인류 역사상 가장 위대한 인간이었다고 하는 4대성인들의 기록을 보자, 석가, 공자, 소크라테스, 예수 등이 남긴 그 어떤 철학에도 함께 하는 사상이나 자유평등평화행복에 대한 조건 없는 이론이 있는가?

우리는 天孫이다. 하늘과 땅은 하늘과 땅의 조화는 누구를 해롭게 하거나 누구를 이롭게 하는 법은 없다. 공평무사할 뿐이다. 인간뿐이 아니다. 지상에 존재하는 모든 생명체나 무생명체나 그 모두에게 한 점 치우침 없이 공평할 뿐이다. 그러므로 천법이다 우주이치다. 天孫은 天法을 목숨인줄 안다. 그러므로 天孫에게는 敬天奉天思想이 있을 뿐이다. 그러나 유감스럽게도 이처럼 善良한 天孫에게 시련이 있었으니 장장 3천년이다. 이러한 3천년의 압박이 21세기부터 3천년의 대폭발을 예고하고 있다.

그동안 天孫의 長子인 우리가 각국 조카들의 장짐을 나르고 천대멸시를 당하면서도 핏속에 천손의 정보를 지켜올 수 있었던 힘은 오직 천부의 뜻일 것이다.

경인년 캐나다 벤쿠버에서 열리는 동계올림픽을 보라 동양인으로는 바라볼 수 없는 찬란한 금빛을 대한의 건아들이 몸으로 발하고 있다. 중국도 일본도 우리와 같은 종족이요 단군의 후예지만 그들은 지손들이다. 단군의 장자들이 왜 좁디좁은 한반도에 정착하게 되었을까?

한반도는 지구상에서 地力이 가장 맑고 순수하고 밝은 곳이다. 따라서 우리의 근해에서 놀던 바닷고기들이 대한해협을 건너 일본해로 가면 맛이 없어진단다. 샘물이나 강물을 그대로 마실 수 있는 나라는 한국밖에 없다. 서양은 증류수를 마셔야 하고 중국이나 일본은 찻잎을 넣어 끓여 마셔야 한다. 이는 인류를 리드할 인재들을 천재적으로 건강하게 키우기 위한 天父의 배려다. 또한 인류의 천국과 지옥이 한반도에 있음을 세상은 모른다. 지금 중국을 비롯하여 세계의 각 나라들이 한국의 새마을 운동을 배워가고 있다. 이는 무엇을 의미하는가? 미래 인류는 한국의 아이디어에 의하여 생활을 바꾸고 코리안 캐릭터(한문과 한글)로 의사를 표현하고 코리안 매너(manner)로 변환될 것이다. 이러한 추측을 가능케하는 현상은 단군사상이 인류의 이상과 합일한 때문이다.

6. 역사에 속고 현실에 울고

사람이 사람으로 태어나 사람을 모르고 산다는 것은 무엇을 의미하는가?

사람이 자신을 낳아준 부모를 모르고 어디서 태어났는지 언제 태어났는지 어떻게 태어났는지를 모른다면 어떻게 되겠는가?

지금까지 우리 민족은 역사를 잃어버리고 역사를 잃어버림으로 하여 문자와 철학, 사상, 풍속까지 송두리째 빼앗기고 광야에 버려져 한반도에 갇히고 3천년이란 인고의 세월을 보내면서도 열강의 틈바구니에서 처절하게 몸부림쳐야만 그나마 목숨을 부지했던 지나간 우리

민족의 옛 모습이다.

　이 기회를 빌어 환인과 환웅(3301년+1565년)시대의 잃어버린 사상과 철학을 복원해 보고자 한다.

　먼저 弘範九疇(홍범9주)에 대하여 살펴보자 홍범구주는 禹의 아홉가지 정치도덕의 원칙이라고 전해지는데 天孫天民의 律法이었다. 즉 天民의 自由律法이었다. 이 法律은 人間事전반을 아우르는 상식이다. 이 九法을 풀어본다.

皇極(황극)-왕위, 제위를 뜻하고 이에 따른 제반 규정이 있다.

三德(삼덕)-正直, 剛克, 柔克(정직, 강극, 유극)은 관리의 덕목으로 정직하고 강함을 이기고 부드러움을 이기는 道人의 품성을 갖추어야 했다. 일설에는 3덕을 知仁勇이라고도 한다.

八政(팔정)-食(식), 貨(화), 司空(사공), 司徒(사도), 司寇(사구), 賓(빈), 師(사), 祀(사) 등으로 오늘날 정부의 각 부처에 해당된다.

稽凝(계응)- 오늘날의 입법기관이다.

庶徵(서징)-하늘에서 인간세상으로 내려오는 온갖 상징들을 의미한다. 즉 자연재해나 천재지변이다.

五行(오행)-金木水火土(금목수화토)로 우주만물을 분별하는 척도로 삼았다.

五事(오사)-貌, 言, 視, 聽, 思(모, 언, 시, 청, 사)는 인간으로 갖추어야 할 상식과 예절에 관한 규범이다.

五紀(오기)-世, 月, 日, 星辰, 曆數(세, 월, 일, 성진, 역수)는 數頭敎(수두교)라고 하는 교육내용인 바 천체를 관측하고 시간과(일, 월, 년) 數理(수리) 즉 수학이다. 옛 기록에 의하면 중국에서 자신들의 시조라고 하는 황제헌원씨도 이 수두교에서 학문을 배웠다고 한다.

五福(오복)- 壽, 富, 康寧, 攸好德, 考終命(수, 부, 강녕, 유호덕, 고종명)

으로 이는 인간의 행복조건으로 규정하고 이를 사람들마다 지키려고 노력하였다. 여기서 눈여겨 볼 것은 유호덕이다.

攸好德(유호덕)을 실현하기 위하여 二十안 지식, 三十안 재물 한후 의학을 배우고 연구하여 환자들을 치료하되 무료로 하고 혹 질병이 치료되어 보은하고자 할 때는 자신의 뜰에 은행나무 또는 향나무를 한그루를 심어 달라했다 한다. 그래서 옛날 많은 환자를 치료했던 명의가 살았다는 증거가 되었다. 이러한 곳의 지명은 의례 향촌이나 행림이었다.

五行(생수와 성수 그리고 운기)

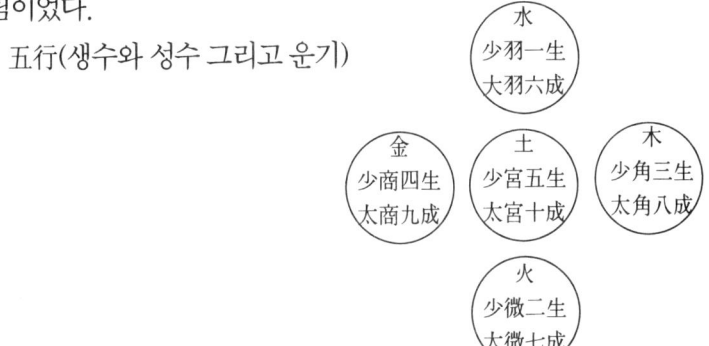

五行用事

用事＼五行	金	水	木	火	土	
音	商	羽	角	微	官	
數	四九	一六	三八	二七	五十	
神	白虎	玄武(元武)	青龍	朱雀	句騰	
時	秋	冬	春	夏	季	
氣	魄	精	魂	神	意	
色	白	黑	青	赤	黃	
方	西	北	東	南	中	
味	辛	鹹	酸	苦	甘	
臟	肺	腎	肝	心	脾	
人	義	智	仁	禮	信	
卦	兌(☱)	坎(☵)	震(☳)	離(☲)	艮(☶)	氣卦
星	太白	鎭星	歲星	惑星	辰星	

지금까지 오도되고 오인된 팔괘의 원형과 원리를 복구하여 한국철학의 참모습을 보이고자 한다. 그동안 동양학이라면 무조건 그 시발점을 중국이라고 하는데 그들은 그 시원을 모른다. 시원을 모르는 사람들에게서 배운 학문이 오죽하겠는가? 결과는 갑론을박이요 목소리큰 놈이 이기는 세상이다. 까마귀가 밀가루를 뒤집어 쓴다고 백로가 되겠는가? 백로가 굴뚝을 지나왔다고 까마귀가 되겠는다? 복희八卦니 文王八卦니 운운하는 것은 설왕설래일뿐 원리는 모른채 자신들의 편의에 따라 이름 붙였을 뿐이다. 이것이 역사왜곡에 이은 학문왜곡이다.

八卦의 原理

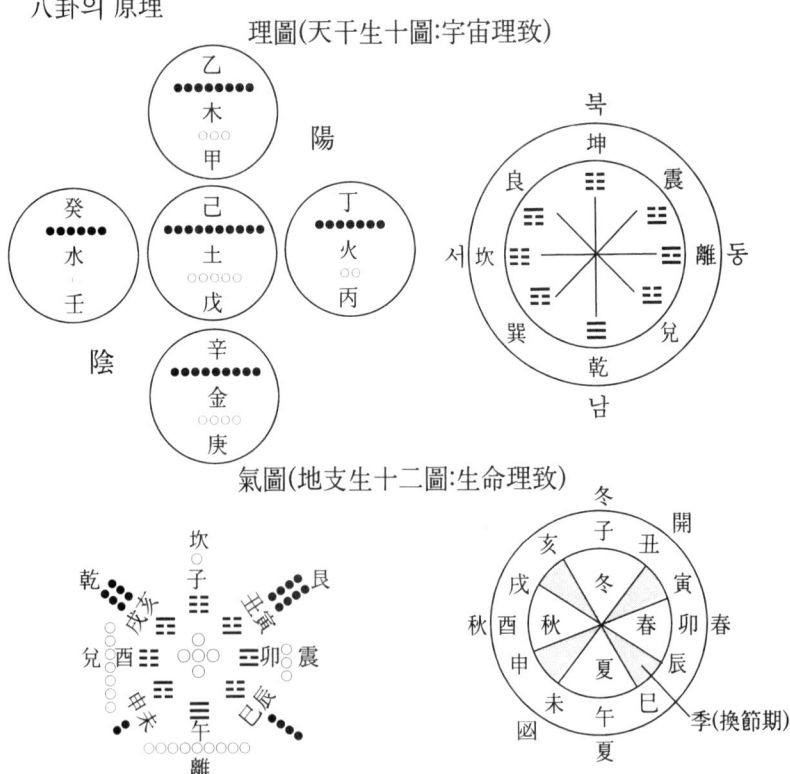

氣圖는 生命의 理致를 표현한 도표다. 生命理致는 克이 生이다. 따라서 水生火, 火生金, 金生木, 木生土, 土生水가 된다. 실제로 신장이 약화되면 심장이 커지고 심장이 약화되면 폐가 커지고, 폐가 약화되면 간이 커지고, 간이 약화되면 비장이 커지고 비장이 약화되면 신장이 커진다.

기도는 이러한 생명의 이치를 밝혀주는 것인데 혹자들은 이를 오인하여 金火交易(금화교역)이라는 新說(신설=새로운 학설)을 주장하고 있으니 실로 동양철학의 종주국인으로써 안타까움을 금할길이 없다. 天地開闢(천지개벽)이란 말도 왜 천지가 열리고 열리는가? 열리면 닫히는게 상식이 아니던가!

재론하자면 양기는 丑方에서 열리고(開) 未方에서 닫히며(闔) 음기는 未方에서 열리고 丑方에서 닫힌다. 따라서 양(天)은 丑에서 열리고 음은 未에서 열리는 현상을 줄여 天地開闔이라 한다.

九疇八政과 將棋板(장기판)

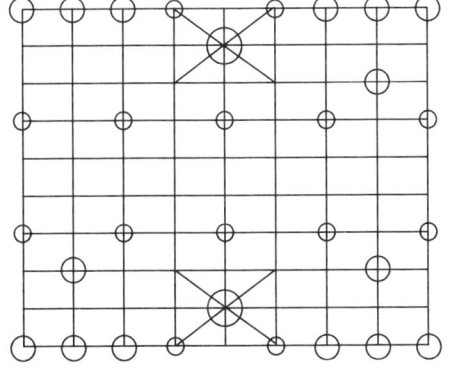

판모형: 9선 x 10선
君: 1
臣: 8
佐: 2
使: 5
合: 16 x 2

장기는 한 나라를 운영하는 君臣佐使(군신좌사)와 士農工商(사농공상)이라는 직무와 직능을 놀이(게임)로서 가르치고 있다. 이는 천법으로 천부3인중의 하나다.

구주의 오기와 擲柶板(척사판, 윷판)

윷놀이는 우리 민족이 정월에 즐기는 민속놀이의 하나다. 하지만 윷판을 자세히 들여다 보면 북두칠성과 28숙이 그려져 있다. 다시 말하면 달력이다. 조금치와 그믐치 그리고 조수간만을 표시하고 있다. 즉 농업을 생활로 삼았던 고대부터 농사를 잘짓고 고기를 많이 잡기 위해서는 일기예보가 필요했다. 이렇게 일기와 바람을 예측하여 농사를 짓고 배를 부리는 일이 민생의 가장 큰 덕목이었으므로 이웃마을까지 윷놀이를 하여 이기는 쪽 마을에 풍년이 든다하여 이기는 마을에서 턱을 냈다. 이 또한 천부3인종의 하나다. 우리 민족의 옛풍습에는 잘하는 사람에게 상을 주는 것이 아니고 잘하는 사람이 턱을 내는 것으로 되어 있다. 그래서 세상에서도 장원하는 사람이 턱을 낸다. 턱으로서 명예를 얻는 것이다.

◎윷판 28숙과 북극성

(九疇의 五紀)

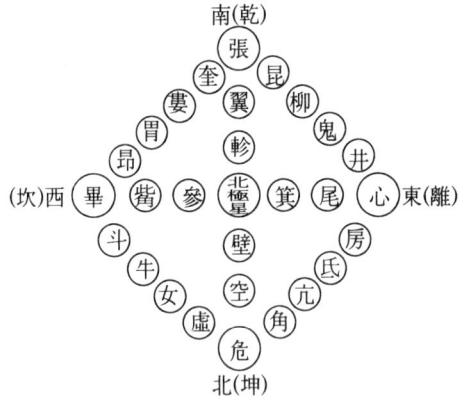

초이레(7일):조금치

보름(15일)그믐치

23일: 조금치

그믐: 그믐치

◎ 신농씨가 최초로 농사를 짓고 고기잡는 법을 가르쳤으며 8괘를 64괘로 만들었다고 전해진다

天符經(천부경)

천부경이란 천손민족으로써 긍지와 자부심을 표현한 우주의 이치를 말한다. 세상의 어느민족이 우주의 이치를 깨닫고 살았던가? 그리고 기록으로 남겼는가?

가까이는 5천년 전이요, 멀리는 9천년전 우리들 조상님은 우주의 이치(천체운동)를 밝혔으니 천부경이다. 천부경은 五言絶句(오언절구)로 18구가 전문이다. 이러한 90자를 81자로 줄여 놓았으니 當點奉事(당달봉사)는 볼 수가 없고 高明明(고명명)한자만이 보일 것이라고 하였다.

主釋 : 數理의 최대분열수 - 9(구)
　　　　완전수 - 10(십)
　　　　동양학상 최대분열수를 인용하여 宇宙의 理致를 밝히니 9×9=81字가 되었다. 이를 완성시키니 五言絶句로서 十八句를 지었다.

1. 一始無始一(일시무시일)
　세상의 시작은 오로지 무(太極, 空虛)에서 비롯되고
2. 一析三極無(일석삼극무)
　허공을 나누니 三極(天人地)이라
3. 盡本天一一(진본천일일)
　세상의 모든 근본은 하늘과 땅(陰陽)이요
4. 一地一二人(일지일이인)
　이같이 하늘과 땅과 사람이 거듭하여
5. 一三一積十(일삼일적십)
　세상 만물을 창조하니 완전(십)하게 되(적)었다.
6. 十鉅無匱化(십거무궤화)

열린 세상은 크고 막힘이 없음이라

7. 三天二三地(삼천이삼지)

　　三天의 세계는 三地로 거듭나고

8. 地二三人二(지이삼인이)

　　거듭된 땅은 삼인으로 거듭나고

9. 三大三合六(삼대삼합육)

　　三大(天地人)가 三合하니 음(陰變六:실체, 실물)이라

10. 六生七八九(육생칠팔구)

　　陰(六)이 生하니 24절기요

11. 運三四成環(운삼사성환)

　　셋씩(한철) 넷(사계)으로 환을 짓나니

12. 環五七一妙(환오칠일묘)

　　고리마다 열두마디가 절묘하다.

13. 衍萬往萬來(연만왕만래)

　　넓고 넓은 우주에 만가지 오고 가니

14. 來用變不動(래용변부동)

　　오고가는 것은 용이요 변이요 부동이요

15. 本本心本太(본본심본태)

　　근본의 근본은 마음으로부터 비롯되었다.

16. 太陽昻明人(태양앙명인)

　　크고 높고 밝은 것은 사람의 지혜이니

17. 中天地一一(중천지일일)

　　오로지 천지 가운데 으뜸이라

18. 一終無終一(일종무종일)

　　세상은 끝도 시작도 없음이니 시작과 끝이 하나다.

(夏至는 冬至의 시작이요 동지는 하지의 시작이니 과연 시작과 끝은 어디인가?—共平)

이것이 천부경의 본모습이다. 이 천부경이 천부3인중의 으뜸이니 훗날 옥쇄(왕의 직인)로 변화하고 천부경의 원리를 교육하는 모형도가 天九地十圖(천9지십도)다. 천구지십도에는 九宮八風이 표시되어 있는데 이것이 천체도이고 바둑판(19선×19선)으로 백돌 180개 흑돌 181개다

바둑판은 총 361점으로 우주(360°)의 끝과 시작(│)이 하나라는 一終無終一을 표현하고 있음이다. 이로써 천부3인이 모두 나타나게 되었다. 하지만 역사와 전통이 사라지고 천부경은 옥쇄로, 天符律은 칼로, 天符曆은 거울로 표현되고 있음은 심히 안타까운 일이다.

다시한번 강조한다면 천부경은 바둑으로 천부율을 장기로 천부력은 윷으로 그 모형을 응용하여 천손민족에게 우주이치를 깨닫도록 교육하였던 것이다.

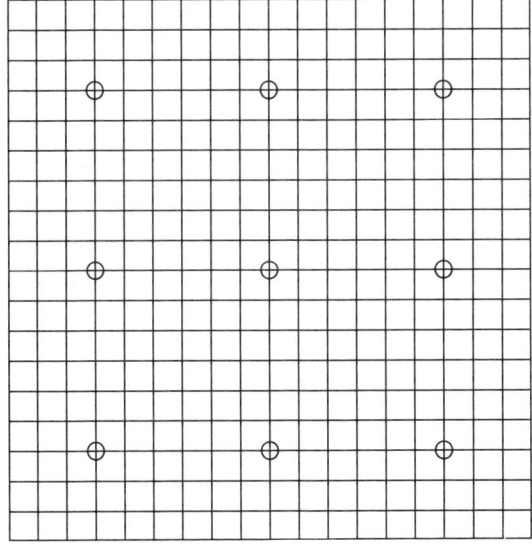

여기까지는 至人, 神人, 聖人이 되도록 교육하는 仙人之道라고 할 수 있다. 지인이나 신인 성인이 되면 지혜와 덕이 최고에 이르며 세상사에 대하여 무불통지 한다고 전해진다.

따라서 천손민족

은 선인지도를 깨우친 자만이 백성을 제도하는 왕위를 계승하였다.
　다시 말하면 환인, 환웅, 단군조의 왕들은 모두 조계의 특정지역에서 수련하여 도를 얻은 후라야 왕위에 등극하였다. 여기서 수련하는 수련자들은 道令(도령)이라 하였고 도를 얻으면 하산한다고 하며 도를 얻으면 왕자가 아니더라도 왕위를 계승하였으니 선양이나 양위라는 말이 생겼다.

八條之敎
　팔조지교는 천손민족이 한뜻으로 살아가라는 天父의 말씀으로 禁奬八法(금장팔법)이 있다. 금장이란 백성들을 교화하기 위한 법률로써 금8법과 장8법이 있다.

禁8條　殺人(살인)하지 말라
　　　 傷害(상해, 폭행)하지 마라
　　　 偸盜(투도, 도둑질)하지 마라
　　　 謀陷(모함)하지마라
　　　 侮辱(모욕)하지 마라
　　　 詐欺(사기, 거짓말, 속임)하지 마라
　　　 差別(차별)하지 마라
　　　 毁謗(훼방)하지 마라

奬8條　忠誠(충성)　忠卽盡命(충즉진명)
　　　 孝道(효도)　孝當竭力(효당갈력)
　　　 犧牲(희생)　殺身成仁(살신성인) 率先垂範
　　　 扶助(부조)　相扶相助(상부상조) 大同之契(理化世界)
　　　 積善(적선)　善因善果(선인선과) 修好之德
　　　 苦樂(고락)　同苦同樂(동고동락) 生死苦樂(홍익인간)

同人(동인) 一視同人(일시동인) 人人平等 남녀평등
善隣(선린) 善隣團結(선린단결) 大同團結 이웃사촌

우리의 옛 조상님들은 이러한 세상의 이치를 생활속에서 깨우치라는 의미의 교육이 있었으니
道理道理(도리도리)-수행하여 세상의 이치를 깨우치다
｜智｜智(곤지곤지)-세상일은 지혜로 뚫어라
智開智開(지개지개)-지혜로서 문을 열어라
智暗智暗(지암지암)-지혜로써 어둠을 밝혀라
氣智開(기지개)- 지혜로 기를 열어라
作子宮作子宮(작자꿍짝짜꿍)-자식을 낳아라(대를 이어라)
이러한 말들은 우리가 어려서 손짓 몸짓으로 익혔고 자녀들을 낳아 기르면서 가르쳤던 삶속의 관습적 교육이었던 것이다.

이처럼 우리는 우리의 옛뿌리를 잃어버리고 날조되고 뒤죽박죽된 학문아닌 학문을 배울 수 밖에 없었던 3천년의 세월을 살아야만 했다. 멀리는 3황5제부터 현실에서는 한의학이나 음양오행까지 뒤엉킨 실타래와 같다. 우리의 역사 한 귀퉁이를 풀어보면 다음과 같은 말이 있다.

"萬事는 不可考요 偶言은 不知義라"

이 말은 고구려가 본토회복을 위해 노력분투하는 도중에 신라가 당나라를 끌어들여 삼국을 통일하고 그 댓가로 서북3성을 떼어주고 단군조와 3국사 119권을 5권으로 축소하고 기자는 중국의 문무왕이 조선에 임명한 임금이니 동생의 나라로 기술, 동생은 형을 섬겨야 하므로 가부를 더 이상 참고하지 말고 더 이상 옳고 그름을 알려고 하지 마라. 라는 망발을 腐儒들이 史記(사기)에 남긴 후 당나라에 아부를 시

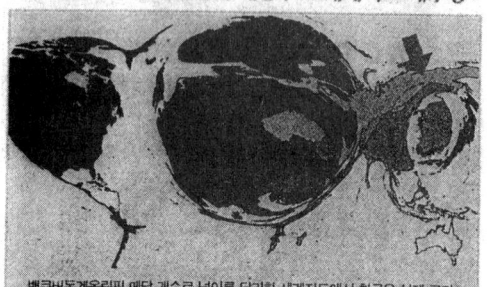

작 이조말까지 1200여 년을 속국처럼 살면서 백성들을 속였다.

檀君古書와 魏書에는 黃帝가 桓夫帝인 紫俯先生에게 수학한후 내황문을 편찬했으며 禹帝는 檀君朝 彭吳先生에게 治數法과 韓文을 수학하고 正文精選했다고 전한다.

또하나 황제내경이란 명칭이 중국사료에 최초로 등장한 기록은 劉向의 士略과 班固의 한서예문지에 의해서다. 참고로 유향은 전 漢 말기에 유학자다. 그럼 중국사에 등장한 황제는 BC2700년 사람이다. 반고는 후한의 史家다 황제내경은 왕빙이 주석을 단 당나라이후에야 비로서 제모습을 갖추었다고 전한다.

또 하나 陰陽五行과 八卦를 논하는 글 중 程子曰 一端論之 健之爲馬 坤之爲牛 設卦 有明文而 馬之爲乾 牛之爲順 在物有常理而至於案文責卦

정자가 말하되 논하기를 건괘를 말로 하고 곤괘를 소로하여 팔괘를 만들 때 글로써 밝게 나타낸 것이요, 말은 건강하고 소는 유순한 것이며 모든 물체에는 항상 이치가 있는 것이다. 짐승의 물체를 구하고 (責) 복안하여(案) 글로써 괘를 붙여 놓은 것이다.

이에 왕필이 다시 묻기를 (王弼曰何必乾 乃爲馬 何必坤乃爲牛, 程子曰 理無形也故 假象以 顯儀) 하필이면 건을 말이라 하고 곤을 소라 하였습니까? 하니 정자왈 진리는 형체가 없는고로 가상으로써 바르게 나타낸 것이다 라고 하였다. 여기서 등장하는 인물을 보면 왕필은 삼국(위, 오, 초)시대의 위나라 사람이고, 정자는 북송사람이다.(중국 AD 250년, 삼국 중국 북송 AD 1000년) 이 같은 몇 가지 예를 보더라도 역사와 문화, 학문의 원리까지 모두 짜집기한 사실들이 보이지만 우리 것을 우리것 이라고 말하지 못하는 이유가 어디에 있는지 알지 못하겠다.

7. 꿈꾸는 한민족

21세기 대한민국은 7000년이란 찬란한 문화와 역사를 가슴에 간직한 채 3000년이란 인고의 세월을 보내면서 근근이 목숨만 보존한 채 숨소리조차 죽여가면서 오늘에 이르렀다.

앞의 사진은 2010년 벤쿠버 동계올림픽이 끝나고 영국의 세필드대 지리학부에서 각국메달획득수로 세계지도를 재구성한 사진이다.

한민족의 실체는 인류역사상 전무후무한 인고의 와신상담 3000년이란 내공을 가슴속에 간직한 민족이요, 집단이다. 이스라엘 민족은

1000년의 내공으로 미국을 앞세워 狐假虎威(호가호위)하고 있다. 우리에겐 7천년의 영화와 3천년의 내공이 있다.

문제는 미국이나 중국을 뛰어넘는 人類愛의 槪念定立이다. 이를 다른말로 바꾼다면 爲民之法 또는 大同之法 또는 글로벌 에티켓이라 이름 붙일 수 있을 것이다.

다시 말하면 온 인류를 차별 없이 내 부모형제처럼 따뜻하게 끌어안는 그리고 함께 나누면서 살아가는 相扶相助(상부상조)의 精神이요 美德이다.

문제는 習慣(습관)이다. 관행이요 관습이다. 몸에 배인 實踐力이다. 생각이나 입으로는 누구나 가능한 일이다. 또한 토론도 맹세나 서약도 법규도 제정도 다 가능한 일이다. 하지만 실천하는 습관은 쉽지 않다. 지금부터 練習을 해야 한다. 마음으로부터 벽을 허물고 나눔을 실천하고 그 습관을 정신에 새겨야 한다. 지금이 절호의 기회다.

그것도 누구나 하고 싶다고 되는 일이 아니다. 韓民族만이 가능한 일이다. 굳이 이유를 들어야 한다면 한국철학이 근원이다. 한국철학이 왜 근원이 되는가?

한국철학은 그 시작부터 無限廣大한 宇宙를 論하는 學問이다. 天孫民族으로서 당연한 귀결이기도 하다. 하늘과 땅의 理致를 밝히고 人間의 道理를 밝히고 大自然과 하나로 함께 아우르는 眞理와 哲學을 가진 민족이기 때문이다.

우리의 骨髓(골수)에 새겨진 그 옛날의 정보 때문이다. 우리의 핏속에 그 기억이 면면이 흐르기 때문이다. 온 인류를 따뜻하게 감싸 안았던 그 기억 때문이다. 그 기억을 되살려 내어야 할 때가 지금 21세기요 그 저력을 발휘하여 미래 인류를 이끌어 가야 하는 책임과 의무가 우리 천손민족에게 있음이다.

이것이 弘益思想이다. 弘益思想은 그 뿌리가 三德에 있다. 三德은 무엇인가? 먼저 덕을 풀어보자 德은 道를 行하여 體得한 稟性(품성)이라 했다. 덕의 실체는 "나눔"이다 무엇을 나눔인가? 이로움을 나눔이다. 덕의 근원은 무엇인가? 땅이다. 하늘은 道요 땅은 德이라 했다. 이를 覆載天地(복재천지)라 한다. 하늘을 덮지 않는 것이 없고 땅은 싣지 않는 것이 없다. 이를 大道大德이라 한다. 그럼 三德은 어떻게 이해해야 하는가? 시경이나 書經에 이르기를 3덕이란 正直이 일덕이요 剛克이 이덕이요 柔克이 삼덕이다. 여기서 정직은 알겠으나 강극과 유극은 무엇인가? 沈潛剛克(침잠강극)이요 高明柔克(고명유극)이라 했다,

다시 말하면 三德은 天地人이요 이를 行하는 者는 大悟者다. 우리는 천손민족으로 누구나 대오가 가능하다. 우리의 골수에 大悟(대오)의 정보가 면면히 흘러 우리에게 遺傳(유전)되어 있고 미래에도 영원히 자자손손 유전될 것이다.

이러한 선천적 은혜는 韓民族만이 누리는 특혜요, 행운이다. 만에 하나 지금 우리들 자신이 이 행운을 살리지 못한다면 우리는 조상님들과 우리들 자신, 그리고 우리의 미래를 짊어질 자손들에게 職務遺棄(직무유기)를 한 셈이 된다.

제6장
實相
(實相의 變化는 六十進法이다)

우리 韓民族은 一萬여년전 禪(神)이 있어 宇宙(天地人)의 실상을 五言節句로 十八章을 설해 놓았다. 이를 다시 오언절구 2장을 九字로 줄여 九章을 만들어 그 뜻을 감추었으니 天九地十의 원리를 깨닫지 않으면 즉 조계의 각자가 아니면 눈이 있어도 귀가 있어도 알지 못하도록 그 뜻을 숨겨 놓았다.

뜻을 숨긴 의도는 어디에 있을까? 궁금하지 않을 수 없다. 性悟는 아무나 하는 일이 아니요 쉬운 길도 아니요 오직 대자연과 한 몸으로 호흡할 수 있는 자만이 알고 가는 길이었기 때문이다. 그래서 이 길을 神仙道니 風流道니 하고 이 길을 는 쫓자들을 神仙徒 또는 風流徒라 일컫고 후에는 從士(선비무리)라 하였는데 언제부터인가는 잘 모르겠지만 道士 또는 徒師, 道師 등으로 변천되었다. 여기에 私欲(사욕)이 발동되어 私道(사도) 또는 邪道(사도)로 변질되어 조금 안다는 사람들의 惑世誣民(혹세무민)하는 세상이 되고 정과 사를 구분할 수 없는 오늘에 이르게 된 것이다.

有物之前 한 물건 앞에 놓고
不見無物 보지도 못하고 있지도 않다 하는구나
無物之造 있지도 않는 물건 만들어 놓고
不見之有 보이지도 않는 것 있다하면서
在物當黜 실체는 없다 안 보인다 하면서
不在高明 허상에는 지혜가 밝구나
悲惜之何 안타깝고도 슬픈일 아니오
何爲之事 어찌하여 이 지경이 되었단 말인가?

1. 一日의 變化(一天世界)~六甲變化의 基礎日이 된다.

"천리길도 한걸음 부터"라는 우리의 속담처럼 오고가는 영겁(永劫)의 우주도 그 시작은 하루다. 우주만물 삼라만상이 한 공기를 나누어 호흡하고, 한물을 나누어 마시고, 한지기(地氣)를 나누어먹고 하루를 함께 보내니 이름하여 일천세계(일천세계)라 한다. 일천세계를 가까이서 살펴보면 수수억겁의 긴긴세월임을 인식하게 된다.

하루살이의 일생은 하루에 매어있고. 매미의 일생은 한철에 매어있고 오곡백과는 그 일생이 한해에 매어 있다. 지구촌의 하루를 보면 수천수만의 소우주가 사라지고 또 태어난다.

옛말에 의하면 다물이라는 장수가 있어 만리장성을 하루에 쌓는데 시간이 조금 부족하여 서산으로 넘어가는 해를 자신의 허리춤에 묶어 놓고 만리장성을 완성시켰다고 한다. 이러한 이야기들은 우리에게 우주의 이치를 알려주려는 조상들의 지혜로 받아 들여야 한다. 이러한 하루를 자세히 관찰해보면 바닷물이 두 번 들어오고 두 번 나가는 바다의 숨쉬기 운동이 있다. 또한 밤과 낮이 있고 24시간이 있으며 한국 철학의 잣대로 12시각이 있고 빛은 무려 259억2천만km를 달려간다. 이를 어찌 하루해가 짧다고 말하겠는가?

사람들은 하루해를 보내기 위하여 세끼니의 식사를 해야 하고, 8시간의 노동을 해야 하고, 8시간의 잠을 자고도 시간이 남는다. 이러한 하루가 반복되어 쌓임으로서 인류의 역사를 낳는다. 이러한 하루를 보내면서 지구는 태양둘레를 매초당 30여 km의 거리를 달리고 있다. 또한 지구표면 자전속도는 시속 1660km를 달린다. 이러한 쾌속질주를 인간은 느끼지 못하고 있다. 그것은 관성의 법칙에 의해서다.

속담에 의하면 하룻밤에도 만리장성을 쌓는다고 한다. 하루의 변화 속에는 한 달의 변화, 일년의 변화, 60년의 변화, 넓게는 우주의 변화가 함축되어 있다. 따라서 하루의 변화는 곧 우주의 변화다. 지구촌의 출발은 한 가정으로부터와 같은 이치다.

한 가정 가정이 모여서 한 동네를 이루고, 동네동네가 모여서 한 고을을 만들고 그 고을들이 모여서 한 국가를 이루고 그 국가들이 모여서 지구촌을 이루는것과 그 이치가 동일하다. 하루도 자세히 나누어 보면 꽤나 복잡하다. 밤과 낮이 있는가 하면 오전과 오후가 있고 일출과 일몰이 있고 아침 점심 저녁때가 있고 子丑寅卯辰巳午未申酉戌亥 時가 있고 24시간이 있고 하루를 보내기 위하여 시계는 분침이 24회 초침이 1440회 시침이 시계의 얼굴을 두바퀴 돌아야 하고 똑딱이는 초침을 86400번을 똑딱거려야 하루가 지나간다. 하루의 변화를 살펴보면 조석으로는 쌀쌀하고 낮에는 덥고 밤에는 춥다.

사람은 25,920회의 숨을 쉬어야 하고 맥박은 10만3680번을 뛰어야 한다. 이러한 현상이 하루의 역사요 一天世界(일천세계)요 우주변화의 기초공식이다.

2. 한달의 변화(二天世界)~六甲變化의 基礎月이 된다.

한 달은 대략 30개의 하루하루가 모여서 이루어진다. 한달은 태양력으로 30.4일이고 태음력으로는 29.5일이 된다. 태양력으로 1년은 365.26일이고 태음력으로는 평년이 354일, 윤년인 384일이다. 즉 평년은 만월(보름달)이 12회 나타나고 윤년은 13회 나타난다. 그래서 태음력은 3년중 1년은 윤달을 둔다. 따라서 태음력 3년을 합하면 1092일이고 5년을 합하면 1831일이 된다. 즉 5년에 윤달이 2회 있기 때문이다. 태양력은 3년을 합하면 1095일이고 5년을 합하면 1826일이다.

이러한 차이는 태양력은 태양기준이고 태음력은 달기준이기 때문이다. 다시말하면 태양력은 절기(24절기) 기준이고 태음력은 일기(날씨)기준이 된다, 절기기준이란 춘하추동 4시의 변화기준이고 일기기준이란 달의 변화에 따른 일기변화를 말함이고 육갑(六甲)의 변화가 하나 더 있는데 六甲의 변화는 한해의 일기변화와 5곡백과의 豊凶(풍흉)변화가 일어난다.

대략 한달 속에는 六候(一候는 5일)가 들어있고 二節氣(節候)가 들어있다. 또 한달 속에는 조금치가 2회 그믐치가 2회 일어난다.

3. 一年의 變化(三天世界)~六甲變化의 基礎年이다.

일년은 하루가 365회 반복하는 기간이다. 甲子日로는 6회를 반복하고 5일을 더 가야 한다. 절기로는 24절기가 지나야 하고, 계절로는 4계절이다. 만물은 한번 죽고(한 殺) 다시 태어난다. 기후로는 73후의 변화를 겪는다. 태양력으로는 365.26일이고 태음력으로는 평년이 354일, 윤년이 384일이다. 이것이 삼천세계의 주요 변화내용이다.

이를 육갑은 정확하게 설명하고 있지만 六甲을 읽는 사람들은 자기 아성을 만들어 쌓고서 순수자연과학을 왜곡하는 양태가 작금의 현실임을 볼 때 심히 안타깝고 서글픈 심정이다. 예로부터 복희팔괘와 문왕절괘를 아전인수격으로 해석한 일이나 1후는 5일이요 1년은 72후라고 하며 황석공전설을 만들어 낸 일, 소강절의 원회운세설, 일부선생의 정역설 등은 육갑을 더욱 현현(玄玄)하게 함이 분명해진다.

三天世界를 정확하게 표현한 천부경의 구절을 살펴보면 運三四成環(운34성환) 環五七一妙(환57일묘)라는 구절이다. 즉 "일 년의 원을 이루는 운동은 셋씩 넷이요, 이 열둘은 절묘하다"라는 뜻이다.

4. 六十年의 變化(四天世界)

"병신이 육갑한다"라는 옛말이 있다. 주역에 이르기를 丙申은 火風鼎(화풍정)이니 변화가 무궁하다는 뜻인데, 우연히도 病身(병신)과 음이 같은데서 욕설로 악용되었다.

옛 의서에 이르기를 약성을 변화시키는데는 솥만한 것이 없다고 했다.

육갑이란 천지의 최소공배수인 60년을 말한다. 이 60년 속에는 5운(五運) 土金水木火가 열 두번의 변화를 반복하고 있다.

옛날 시골에서 닭이 곡식을 말리는데 흩트려 놓으면 어른들 하시는 말씀 닭은 하루에도 허천병(배고픈병)이 열두번이나 도진다(재발한다)고 한다. 또 아이들이 놀다가 다치면 "열두재변을 하더라니" 하신다. 丁酉는 腦風恒(뇌풍항)이니 경계하지 않고 조심하지 않음으로서 문제(사고)가 발생한다는 뜻이다.

이러한 육갑의 변화를 가장 잘 풀어놓은 옛글이 주역 64괘다 周易(주역)은 주 나라때 연구된 역이 아니다. 주역의 참뜻은 서로가 바뀐다. 정밀하게 바뀐다. 그 바뀜이 두루두루 미친다라는 의미의 머릿글이다. 즉 易經(역경)을 말하는 것인데 역경이란 우주변화의 공식이다.

이 공식에 인간사 길흉의 가변성으로 六變(6변)의 부절을 달아 놓으니 384효가 나온 것이다. 爻(효)는 원래 우주만물의 형상을 뜻하며 六變의 實變(실변)이요 태어나고, 성장하고, 번식하고, 늙고, 병들고, 죽는 6단계의 생명체 변화를 의미한다.

이 주역은 가장 잘 이해하고 정확하게 해석한 분이 토정 이지함 선생님이다. 토정비결이 그 실체라고 볼 수 있다. 그리고 또 한분 호은 심재식 선생님이다. 호은선생의 저서로는 구산역이 있다. 호은 선생님 덕에 필자는 天圓地方(천원지방)을 좀 더 온전하게 풀어낼 수 있었다.

四天世界는 大天世界 또는 低昇世界(저승세계)라고도 한다.

六甲(60년)의 순환은 영원한 시간의 순환 또는 변화의 순환이라 할 수 있다. 이 60년이란 시간과 변화의 주기성은 어제와 오늘 그리고 내일(3생:三生)로 영원할 것이다. 지구의 7대손이 나타나기 전까지는…

5. 8자모양 지구의 氣象(기상)

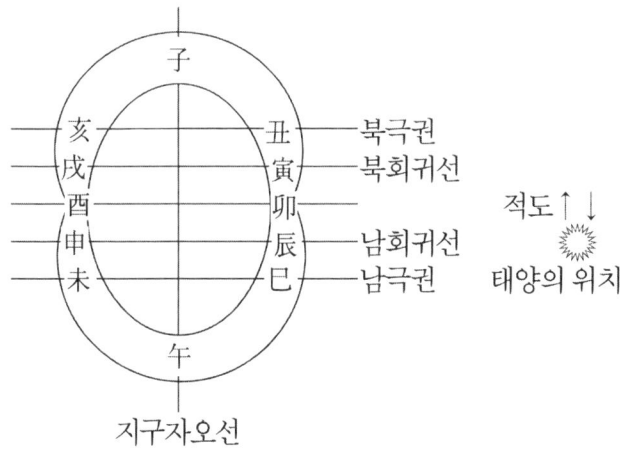

지구 바깥쪽의 8자모양은 지구 대기권의 기상이다. 태양은 남회귀

선상에 있으므로 북반구는 겨울이고 남반구는 여름의 기후를 나타낸다. 북반구의 대기권은 수축되어 있고 남반구의 대기권은 팽창되어 있다. 그림에서처럼 적도 부근의 대기권은 낮다. 비행기가 이곳을 지날때면 비행낙차가 일어나므로 사람들이 놀래는 경우가 많다고 한다. 태양은 지구 적도를 중심으로 남회귀선과 북회귀선을 오가는데 이를 2지2분(二至二分)이라 하여 동지, 하지, 춘분, 추분을 말한다.

이를 간파한 세조는 龍短虎長(용단호장)이 무엇이냐고 문부백관들에게 하문했다고 한다.

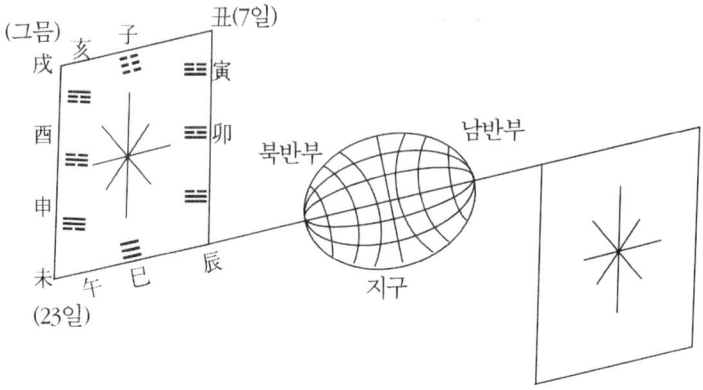

지구가 회전하면서 양극으로 뿌리는 기상에 의한 그림이다. 이 기상도는 日四象八風(일사상8풍)과 월사상팔풍, 년사상팔풍(8괘)을 하나로 나타내었다. 子午卯酉는 지구의 正方位요, 辰戌丑未는 사상의 모서리로 기상변화(기상변화)의 축이요, 寅申巳亥는 변화를 수행한다하여 역마라 한다. 지구가 이처럼 양극 4상을 형성하는 기상을 본떠 만든 어린이 장난감이 팔랑개비(바람개비)이다.

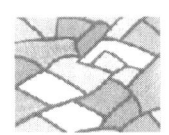

제 7장
주역(周易)

 주역이라면 이세상 그 누구도 함부로 명함을 내밀기 어려운 고서요, 학문이다. 또한 공자와 같은 성인으로부터 하천한 필자에 이르기까지 옛날 태고적부터 지금까지 기라성 같은 학자들이 자신들을 외쳤던 학문이기도 하다.

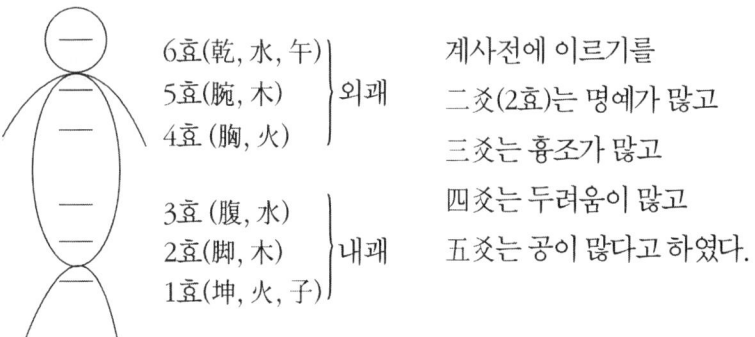

한마디로 宇宙의 變化다. 변화의 형상이다. 형상의 가변성이다. 공자가 역경의 가죽끈이 세 번이나 닳도록 읽고 10익을 달았다는 글이 있는데 이는 가변성의 확대다. 사람들은 한 물건을 놓고, 보는 사람마다 같은 생각을 하지 않고 전해들은 사람 또한 각자 생각이 다르니 이를 일파만파라 한다. 오직 세상에서 제자리를 지키는 것은 우주요, 그 우주가 운행하는 이치다. 이를 보고 천부경에 이르기를 衍萬往萬來(연만왕만래)하고 來用變不動(래용변부동)이라 하였다. 일년일년이 같지만 같지 않고 한달한달이 같지만 같지 않고 하루하루가 같지만 같지 않다. 같은 맑은날도 같지 않고 같은 비오는 날도 같지 않으며, 같은 눈오는 날도 같지 않고 같은 바람부는 날도 같지 않다. 이것이 주역의 실체요, 우주는 주역의 본체요 근원이다.

가뭄 중에 내리는 단비도 좋아하는 사람과 싫어하는 사람이 있는가 하면 장마중에 개인날도 좋아하는 사람 싫어하는 사람이 있다. 이것이 인간의 욕심이란 실상이다.

옛글(시서)에 이르기를

位不期驕(위불기교)

綠不期侈(녹불기치)

恭儉惟德(공검유덕)

作德心逸(작덕심일)

作僞心勞(작위심노)

心勞日拙(심노일졸)

功崇惟志(공숭유지)

廣業惟勤(광업유근)

惟克果斷(유극과단)

乃罔后艱(내망후간)

지위가 제아무리 높아도 기약된 것이 아니니 교만부리지 말고
녹봉이 제아무리 많아도 기약된 것이 아니니 사치하지 말며
오직 공손하고 검소한 삶이 덕이 되나니
덕을 지으면 심신이 평안 하도다
거짓을 짓다보면 심신이 피곤하고
심신이 피곤하면 인생이 치졸해 진다.
오직 뜻을 높게 하고 수고로움이 그 뜻을 받들며
오직 자신의 태만과 사치 사욕을 이기며 과감하고도 단호하게 인생을 살아갈 때 인생 사후에 후회와 어지러움이 없을 것이니라 라고 했다.

또 이르기를 蠶食桑葉錦絲吐(잠식상엽금사토)요

人食文章明世智(인식문장명세지)다.

천충이 뽕잎을 먹고 비단실을 토하듯

사람도 문장을 먹고 지혜로써 세상을 밝힌다라고 했다. 그렇다. 사람이라면 우주의 이치를 깨닫고 지혜로써 그 삶을 운영함이 그 본분일 것이다.

이에 주역의 이치를 밝히고자 함이다. 새삼 당부하지만 주역은 점서가 아니다. 사술로써 사람을 현혹시키는 일은 옳은 일도 아닐뿐더러 적악의 지름길이다.

세상의 이치를 조금 알았다 하여 세상을 다 아는 것처럼 행세하는 것은 어리석은 일이지만 모르고 지은 죄는 후회하고 참회할 기회도 없음을 명심해야 할 것이다.

宇宙變化의 現狀圖面

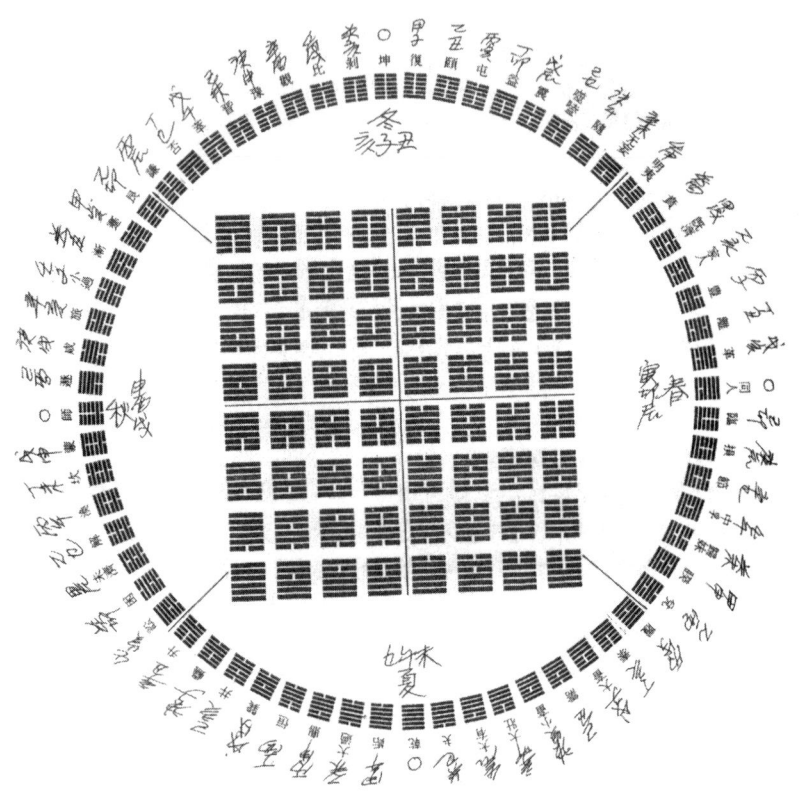

周易 64卦의 변화 約說

61. ☰ 乾上乾下(건상건하)~乾爲天(건위천)

　　　自强自勝 吉兆不久(자강자승 길조불구)
　　　亂生言語 不密害成(난생언어 불밀해성)
　　　天變萬化 保合大吉(천변만화 보합대길)

　解說 스스로 강하여 스스로 이기니 길하지만 오래가지 않는다.

자만하지 말라 가까운데 해가 있다.
　　　운이 변하니 수성만이 길함을 이어갈 수 있다.
　意釋 子에서 一陽이 始生하고 午에서 一陰이 始生하듯 더 오를 수
　　　없는곳까지 오르게 되면 잠시 쉬었다가 내려오는 것이 세상이
　　　치다.
　　　日月盈仄(일월영측)하고 歲月不待人(세월부대인)하니…

62. ䷁ 坤上坤下(곤상곤하)~ 坤爲地(곤위지)
　　　履霜堅氷 先失后得(리상견빙 선실후득)
　　　元亨利貞 牝馬之貞(원형이정 빈마지정)
　　　坤厚載物 德合无强(곤후재물 덕합무강)
　　　至柔而動 至靜而德(지유이동 지정이덕)
　解 밟으면 굳어지나. 먼저 움직이면 잃음이 많고 조용히 기다리면
　　　얻음이 많다.
　　　만사형통이란 기다리고 준비함이요
　　　땅이 두꺼워 만물을 생하니 그 덕이 최강이다.
　　　부드러움으로 세상을 움직이고 고요함으로 덕을 기른다.
　意 天覆地載(천복지재)라 하늘은 덮지 않는 것이 없고 땅은 실지
　　　않는 것이 없다고 했다. 하늘 높은 곳에서 땅바닥에 이르니 이
　　　제 더 내려갈 곳이 없다. 그러니 앞으로 올라갈 일만 남았으니
　　　만사가 형통할 것이다.

63. ䷌ 乾上離下(건상리하)~ 天火同人(천화동인)
　　　出門遇人 舊情如夢(출문우인 구정여몽)
　　　異由過生 先笑后眺(이유과생 선소후조)
　　　瓣動人物 同業之數(관동인물 동업지수)
　　　不便不當 大公無私(불편부당 대공무사)

解 문밖에서 사람을 만나니 구정(옛정)은 꿈과 같고 동상이몽이니 처음엔 웃었으나 뒤에는 멀리 떠난다.
안목을 살려라 동업을 점쳐본다. 불편부당하고 사가 없다면 큰 공을 이루리라.
意 同人卦는 아침동산에 태양이 힘차게 솟아 中天을 향하여 내달리니 私는 멸하고 公은 남으리라

64. 坤上坎下(곤상감하)~地水師(지수사)
興耶敗耶 愁心多分(흥야패야 수심다분)
改舊從新 未備則憂(개구종신 미비측우)
能以衆正 小人勿近(능이중정 소인물근)
世上萬事 一長一短(세상만사 일장일단)
解 갈림길이다. 좌측이냐 우측이냐?
옛길을 갈 것인가 새길을 갈것인가?
정도를 따르라 소인배를 가까이 말라
세상일이란 반드시 장점이 있으면 단점도 장점만큼 있다.
意 사는 스승이요 장수다. 내가 師라면 정도를 지켜야 하고 내가 학생이나 졸병이라면 배우고 따르면 된다.
師가 정도를 벗어나면 하늘의 미움을 받을 것이요, 학생이나 졸병이 반항하면 땅의 미움을 면하기 어려울 것이다.

1. 坤上震下(곤상진하)~ 地雷復(지뢰복)~甲子
旅客故巢 朋來無咎(여객귀소 붕래무구)
春草折寒 故復亨通(춘초절한 귀복형통)
述復災眚 終有大敗(술복재생 종유대패)
純音至靜 雷在地中 (순음지정 뇌재지중)

解 객지를 떠돌다 귀향했으나 친구의 도움으로 허물이 없어지더라
　봄기운이 퍼지니 추위는 꺾이고 만사가 순조롭다.
　옛일에 마음씀은 재앙을 불러 일으킨다.
　동지가 지남에 천지는 다시 봄을 굴리려 하나니
意 釋 地雷復(지뢰복)은 甲子요 甲子는 六十日의 시작이요, 一年의 시작이요 六十年이 시작되는 새로움의 출발점이다. 甲子의 의미는 씨앗이 투구를 쓰고 세상밖으로 나오는 기상이다.
　새로운 출발이라는 점은 매우 기쁜일이나 도처에 위험이 도사리고 있다. 매사에 조심하고 신중해야 한다. 욕심을 줄이면 길하다.

2. ䷚ 艮上震下(간상진하)~山雷頤(산뢰이)
　　口甘未吞 自口求失(구감미탄 자구구실)
　　財終自失 其道大悖(재종자실 기도대패)
　　言養道贊 兩手執餠(언양도찬 양수집병)
　　虎視眈眈 其欲逐逐(호시탐탐 기욕축축)
解 진퇴양난이다. 손재와 실물수가 있다. 양손에 떡을 쥐었으니 선택이 어렵다. 남을 칭찬하고 공경하며 도움을 청하라
　신중하게 행동하고 심사숙고하라 초지일관하면 대길하리라
意 간상진하괘는 비움의 형상이니 군자는 명예가 높고 소인은 일의 시작이 된다. 성실하고 근면하다면 빈 그릇을 가득 채울 수 있을 것이다.

3. ䷂ 坎上震下(감상진하)~水雷屯(수뢰둔)
　　霜月春草 居處不動(상월춘초 거처부동)
　　屯者困難 始交難生(둔자곤란 시교난생)
　　匪寇患難 未通之數(비구환란 미통지수)

以貴下賤 大得民也(이귀하천 대득민야)

解 춘초가 가을을 만났으니 이동이 불리하다.

둔은 아직 때가 이르지 않았음을 말하는 것이다.

미통은 무엇인가? 도적이 아니면 환란이 가까이 오는 기운이다.

귀함으로 낮은곳에 임하여 때를 기다린다면 크게 이로우리라

意 원래 괘이름을 준이다. 준은 어려움과 두터움과 인색함이 공존하는 괘다. 어려움은 운이 이르지 않았음이요 두터움은 덕이 있음이요 인색함은 아끼고 사랑함이니 아직 법이 바로 서지 못함을 일컫는다. 하늘의 도움이 필요하니 밭을 일구면서 때를 기다려야 한다.

4. 巽上震下(손상진하)~風雷益(풍뢰익)

　　上損下益 先損后益(상손하익 선손후익)

　　凡益之運 興時偕行(범익지운 흥시해행)

　　心安后語 改過遷善(심안후어 개과천선)

　　有孚惠心 勿問大吉(유부혜심 물문대길)

解 거꾸로 보면 손괘요 바르게 보면 益卦이니 손해를 모르면 이익도 모른다.

益卦는 분명 길함이 있으니 때가 되면 함께 힘을 다하여 행동하라 마음을 먼저 안정하고 교제를 한다면 개과천선하여 이로움이 날로 커질 것이다. 덕으로써 믿음을 심었다면 굳이 묻지 않더라도 스스로 주위가 도와주니 어찌 대길하지 않겠는가!

意 음양의 세력이 동일하니 춘추의 운이라 과거에 베풀어준 은혜가 있다면 순풍에 돛을 단 듯 만사가 형통할 것이요, 그렇지 않다면 부단히 정성을 쏟고 노력을 해야 할 것이다. 그렇지도 않

는다면 운이 좋다하여 꽃도 피지 않는 나무에서 과일이 달리겠는가?

5. ☳☳ 震上震下(진상진하)~震爲雷(진위뢰)
      食小事煩 有聲無形(식소사번 유성무형)
      虛往虛來 奔走之象(허왕허래 분주지상)
      速進不達 外富內貧(속진부달 외부내빈)
      驚惶罔措 恐懼修省(경황망조 공구수성)
  解 일은 많고 먹을 것은 적다. 소리만 요란하고 형체가 없다.
    빈손으로 왔다갔다하니 분주할 뿐이다.
    외장은 호화로우나 실속이 없다. 일을 서두르면 오히려 이루지 못한다.
    군자는 경황중에도 십가하고 신중하게 살피고 수행한다.
  意 하늘과 땅이 함께 진동하니 놀라고 두려워 어찌할 바를 모른다.
    망상번뇌 동분서주가 모두 허무소용이다.
    심신을 안정하고 뇌화부동하고 조용히 기다려라

6. ☲☳ 離上震下(리상진하)~ 火雷噬嗑(화뢰서합)
      不恥不仁 不危不義(불치불인 불위불의)
      小人之過 刑杖負背(소인지과 형장부배)
      有志未就 畵中之餠(유지미취 화중지병)
      公私不定 不可不正(공사부정 불가부정)
  解 나쁜 행실을 부끄러워 하지 않고 도둑질을 하면서도 위험을 모르니 곤장을 등에 짊어지고 다니는 무뢰배라 눈에 보이는 것도 취하기 어려우니 徒勞無攻(도로무공)이요 그림의 떡이라
    소인은 불길하고 대인은 형통한다.
  意釋 화뢰서합은 梁上君子格(양상군자격)이다. 大明天地(대명천

지)에 의탁할 곳도 숨을 곳도 없다. 화중지병으로 뜻은 있으나 취할 수가 없구나. 소인은 불길하고 대인은 형통한다. 소인은 곤장을 짊어지기 쉽고 대인은 명예를 짊어지기 쉽다. 헤어지면 만남이 기다린다.

7. ䷐ 兌上震下(태상진하)~ 澤雷隨(택뇌수)
　　我隨無故 出門有功(아수무고 출문유공)
　　一益之凶 守道明功(일익지흉 수도명공)
　　作嚬作笑 心中不安(작빈작소 심중불안)
　　運氣衰入 防厄之先(운기쇠입 방액지선)
解 나를 따르는자는 인연이 아니다. 밖에 나가 스승을 찾으라 移遷數(이천수)가 있으니 하나를 얻으면 흉함이 따르고 도리를 지키면 공이 따른다. 웃다가 찡그림은 마음이 불안한 울증의 징후다. 운수가 쇠퇴해가니 삼가하고 삼가하여 재앙을 방비함이 급선무다.

意釋 한번 실패하면 재기가 어렵다. 이러한 운에 질병이라도 얻게 되면 치료마저 불가능하게 되니 사면초가에 휩싸이게 된다. 신중에 신중을 거듭하여 심신을 안정케 하고 욕심을 버리고 이익은 작은 곳을 쫓아라 진실은 순간에 사라지고 세상을 원망하게 된다. 원인은 어디에 있는가? 스스로에게 있다.

8. ䷘ 乾上震下(건상진하)~天雷無妄(천뢰무망)
　　天命不佑 非貞則災(천명불우 비정즉재)
　　天逆之者 必有災殃(천역지자 필유재앙)
　　大敵上仕 勝負可智(대적상사 승부가지)
　　若棄舊業 新業難定(약기구업 신업난정)
解 천명은 바른 것을 돕고 바르지 않은 것은 돕지 않는다. 따라서

바르지 않음에는 재앙이 따른다. 하늘을 거역하고 어찌 운을 바라겠는가? 상사와 대적하니 지혜로서 겨뤄야 할 것이다.
만약 오기를 부린다면 새로운 직장 구하기가 힘들 것이다.
意釋 하늘은 스스로 돕는자를 돕는다고 하였다. 하늘을 향하여 바라건데 어찌 私를 바랄 것인가!
남의 명예를 투기하거나 남의 공적을 탐하지 마라 재앙이 두렵다. 상사에게는 순종하고 부하에게는 따뜻이 하라

9. 坤上離下(곤상이하)~地火明夷(지화명이)
　　明入地中 向背暗明(명입지중 향배암명)
　　囚獄大難 遭紂必亂(수옥대란 조주필란)
　　移舍變動 自招災亂(이사변동 자초재란)
　　正名大義 水火愼重(정명대의 수화신중)

解 한낮에 일식이 일어나 사방이 어두워진 격이다. 잠시 지나가는 비나 바람인 듯 피하라 어두운곳도 밝은곳도 이롭지 않다. 살기가 감돌고 백성이 걸주를 만난격이니 어려움을 피하기가 쉽지 않다. 이사나 사업변화를 꽤하지 마라 재난을 부르리라. 제 아무리 공명정대할지라도 몸과 말을 조심하고 또 조심해야 한다.

意釋 명은 지혜이고 이는 殺傷(살상)이니 지혜가 상처를 입는다는 뜻이다. 명입지중은 해가 서산으로 넘어 갔다는 뜻이다. 농부는 밭에 나가 일을 하다가도 비가 오거나 해가 지면 집으로 들어가 쉬거나 잠을 잔다. 해가 지고 어두운데도 일을 한다면 다치거나 과로가 되어 질병을 부르기 십상이다. 만약 지혜를 뽐낸다면 그로 인한 재앙을 감당하기 어려울 것이다.

10. 艮上離下(간상이하)~山火賁(산화비)

　　　　良工玉琢 終成美器(양공옥탁 종성미기)
　　　　文明腹滿 天文察示(문명복만 천문찰시)
　　　　觀乎天文 化成天下(관호천문 화성천하)
　　　　白賁無咎 上得志也(백비무구 상득지야)
　　解 솜씨 능란한 장인이 옥을 쪼아 그릇을 빚으니 아름다워라
　　　　제아무리 경륜이 뱃속에 가득할지라도 세상을 잘 살펴라 여러
　　　　사람의 솜씨를 살펴 더한다면 천하의 명기를 이루리라 여기에
　　　　邪(사)가 없다면 마침내 윗사람의 뜻을 얻으리라
　　意 賁(비)는 꾸밈이요 큼이요, 빠름이다. 산 아래 불이니 꺼지지
　　　　않는 불이 될 수도 있고 산을 몽땅 태워 화광이 충천할 수도 있
　　　　다.
　　　　만약 부자가 투자를 한다면 재산이 불어날 수 있지만 가난한 사
　　　　람이 투자를 한다면 재만 남을 수도 있다. 문제는 지구력이다.

11. ☵☲ 坎上離下(감상이하)~水火旣濟(수화기제)
　　　　道窮必變 初吉終亂(도궁필변 초길종란)
　　　　不可終廢 思患豫防(불가종폐 사환예방)
　　　　小人勿用 保合大吉(소인물용 보합대길)
　　　　君子無咎 小人煩悶(군자무구 소인번민)
　　解 수화가 상극이니 변화는 필연이다. 처음은 좋으나 나중은 어지
　　　　럽다 종장에는 폐하지 않을 수 없다. 미리 우환에 대비하라. 소
　　　　탐대실이니 초지일관 제 위치를 굳건히 지킴이 대길하리라. 군
　　　　자는 허물이 없으나 소인은 번민할 것이다.
　　意釋 水火는 물리적으로는 상극이나 생리적으로는 상생이다. 미제
　　　　는 아직 건너지 못했지만 기제는 이미 건넜음이다. 그러나 그
　　　　후유증은 살아있다. 사고나 우환을 조심해야 한다. 태풍이 지

나가기를 조용히 기다려야 한다. 설상가상이든, 고목봉춘이든 시간이 흐르면 해결될 것이다.

12. ☴☲ 巽上離下(손상이하)~風火家人(풍화가인)
    家有不美 失家之禮(가유불미 실가지례)
    內正則吉 外無不正(내정즉길 외무부정)
    家嚆未失 治家則吉(가학미실 치가즉길)
    人人 有責 信威終吉(인인유책 신위종길)

   解 집안에 불미함이 있다. 다툼이나 화재를 조심하라. 밖에서야 무슨일이 있겠는가? 집안을 바르게 하면 길하리라. 가정을 바르게 운영함은 질서를 엄히 하여 가정의 예절이 무너지지 않음이라. 식구 각자 책임을 다하며 믿음과 위엄이 바로 설 때 마침내 길함이 있으리라.

   意釋 사람이 살아가는 세상에서의 제일근본은 가정의 성립이요, 가정의 성립은 안정이요, 안정의 조건은 가족의 조화다. 가족의 조화는 각자의 직분을 다하는 일이다. 가장은 가장의 직분을 다하는 일이요, 주부는 주부의 직분을, 자식은 자식의 직분을 학생은 학생의 직분을 성실히 수행하는 일이다. 만에 하나 이 질서가 무너지면 가정불화는 자연발생적이다. 누구를 원망하리요!

13. ☳☲ 震上離下(진상이하) ~ 雷火豐(뇌하풍)
    餓者逢豊 身數無咎(아자봉풍 신수무구)
    日中則傾 月盈則缺(일중즉경 월영즉결)
    近旬無咎 旬過疑心(근순무구 순과의심)
    天地盈虛 與時消息(천지영허 여시소식)

   解 배고픈 사람 앞에 잔칫상이다. 무엇을 더 바라리요, 날도 차면

기울고 달도 차면 이그러지나니 호사다마요 흉몽대길이라 하지 않던가! 가까이에 큰 허물은 없겠지만 운이 좋을 때 일수록 조심하는 것이 상책이다. 천지는 항상 비웠다 채웠다하고 만물은 이와 때를 같이 하여 기르기도 하고 치우기도 하는 것을!

意 가난한 사람이 열심히 일하는 것은 내일에 희망을 위해서이고 부자가 몸조심하는 것 또한 만에 하나 내일의 가난이 두렵기 때문이다. 운이 좋다하여 영원한 것도 운이 나쁘다고 하여 영원한 것 또한 아니다. 항상 차면 비우게 되고 비면 채우게 되는 것이 세상이치요 천지간 변화의 법도이다.

14. ䷝ 離上離下(이상이하)~ 離爲火(이위화)
    地上明出 速進而愁(지상명출 속진이수)
    有勢折首 獲非則醜(유세절수 획비즉추)
    分守非欺 道久必亨(분수비기 도구필형)
    少年登科 老年之嘆(소년등과 노년지탄)

解 아침 해가 떠올라 천지가 밝아온 격이다. 서두르면 도리어 화가 된다. 기세를 떨치다가 공이 없으면 오히려 추하고 위태롭다. 분수를 지키고 직언을 삼가라 逆鱗(역린)이 두렵다. 소년은 등과격이요 노년은 晩時之歎(만시지탄)이다

意 천지가 두루 밝으매 도둑이 숨을 곳이 없다. 괴변은 오히려 화를 부른다. 여인은 이별수요 홀아비는 장가갈 운이다. 앞도 뒤도 불리하다. 그저 엎드려 때를 기다림이 옳을 것이다.
    이미 새날이 밝았는데 어찌 어제로 착각하는가?

15. ䷰ 兌上離下(태상이하)~澤火革(택화혁)
    去舊生新 事之變革(거구생신 사지변혁)
    改舊從新 所革不信(개구종신 소혁불신)

事革不信 每事不通(사혁불신 매사불통)

君子虎變 小人猫變(군자호변 소인묘변)

解 옛것을 버리고 새로운 것을 찾아 변화를 꽤한다. 업을 바꾸었지만 확신이 서지 않는다. 그렇다고 미적거리면 매사 불통이 된다. 군자는 크게 바꾸고 소인은 작은 것을 바꾼다.

意 革(혁)은 혁명의 길이다. 바꾸어 좋을 수도 있고 산 넘어 산일 수도 있다. 바꿈이란 서로 뜻이 통하고 준비가 있어야 하고 시기가 적절함을 원칙으로 삼는다. 백성이 원하지 않는 혁명과 준비가 없는 혁명과 기회를 잃은 혁명은 배고픈데 질병을 더하는 격이다.

16. 坤上兌下(곤상태하)~地澤臨(지택임)

臨事不結 吉兆不拘(임사불결 길조불구)

疑心躊躇 敗事之本(의심주저 패사지본)

當斷不斷 反受其害(당단부단 반수기해)

不輕自用 奉酒食祭(불경자용 봉주식제)

解 길운임에도 유두무미는 의심하고 망설이는데 원인이 있다. 인간만사 끊고 맺음이 불분명하면 오히려 해가 온다.

가벼이 생각지 말고 가벼이 행동하지 말라 천우신조함을 입는데는 하늘과 땅을 받드는 前生之德(전생지덕)이 있어야 함이라

意 臨(임) 位(위)야이니 즉 있음이다. 無窮無疆(무궁무강)은 天地道也(천지도야)라 하였다. 천지의 도가 끝이 없고 뜻하는 바가 있으니 길조가 분명하다. 인생은 인과응보 선악과(선악과)이니 행한대로 행한 만큼 행한 곳에서 열매가 맺음이다.

17. 艮上兌下(간상태하)~山澤損(산택손)

損上下益 好事多魔(손상하익 호사다마)

제 7장 주역(周易) 131

損益興時 吉變爲凶(손익흥시 길변위흉)
獨行有益 同業不利(독행유익 동업불리)
爲弗損益 名利無咎(위불손익 명리무구)

解 처음은 손재함이 있고 나중은 득재함이 있으나 호사다마라 손익은 때로 일어나고 길흉길흉이라, 홀로 하는 일은 유리하고 동업은 불리하다. 마음으로부터 더하지도 덜하지도 않는다면 명리에 무슨 허물이 있겠는가!

意 손익은 盈虛(영허)라 투자를 하면 이윤이 돌아오고 투자를 받으면 이윤을 돌려주어야 한다. 때와 더불어 함께 한다면 무슨 허물이 있으리요마는 순리를 거스려 욕심과 허영과 경망이 함께 한다면 주춧돌도 도망가는 낭패를 보리라

18. ☵ 坎上兌下(감상태하)~水澤節(수택절)

澤水有限 盈濫當然(택수유한 영람당연)
凡物大小 輕重皆度(범물대소 경중계도)
不出戶庭 無咎之數(불출호정 무구지수)
天地節而 四時成也(천지절이 사시성야)

解 못은 한계가 있으니 차면 넘친다. 인간의 운수도 이와 같으니 차면 넘치는 것이 당연하지 않겠는가? 현실의 대소경중을 함께 살펴라 당장 교재를 (남녀)삼가하고 외출을 삼가하라 허물이 없으리라

하늘의 도가 땅에 사계를 이루니 이를 천지의 절도라 한다.

意 절은 조화와 조절의 법도이다. 나아가고 멈춤, 물러섬과 쉼, 비우고 채우는 일에 있어서 부족하거나 넘치는 일이 없도록 노력하는 상이다. 만에 하나 절도가 없거나 때를 잃는다면 순간에 의하여 오랜 세월 후회할일이 기다리고 있다.

19. ䷼ 巽上兌下(손상태하)~風澤中孚(풍택중부)
    敵讎中孚 信斧破足(적리중부 신부파족)
    我有好爵 吾與爾靡(아유호작 오여이미)
    右往左往 千里外違(우왕좌왕 천리외위)
    有孚攣如 位正當也(유부련여 위정당야)

解 믿는 도끼에 발등 찍히는 격이라 벼슬 좋아하다가 너나도 함께 얽혀 망신할 운이다. 우왕좌왕 중심이 흔들리니 천리 밖 사람들까지 뜻을 어기게 된다.
믿음이 있다함은 있음의 자리가 바르고 합당하며 메여 있음과 같이 온전해야 함이라.

意 믿음을 강조하는 이 괘는 그만큼 믿기 어렵다는 뜻이다.
사욕으로 눈이 어두워지면 허상과 망상이 아롱거린다.
오직 믿을 것은 천지의 도와 세상의 이치와 상식을 바탕으로 하는 있음의 실상 그대로이다. 부화뇌동하면 흉함을 면하기 어렵다.

20. ䷵ 震上兌下(진상태하)~雷澤歸妹(뇌택귀매)
    事有終始 開閉業數(사유종시 개폐업수)
    媤嫁不利 女匪正災(시가불리 여비정재)
    有志未就 待時利行(유지미취 대시이행)
    天地不交 萬物不興(천지부교 만물불흥)

解 시종이 同時(동시)라 변화의 중심에 있는 운수다.
결혼운이 불리하다. 그렇다고 여자가 바르지 않으면 재앙이 따른다.
뜻은 있으나 성취하기 어려우니 때를 기다림이 옳을 것이다.
하늘과 땅이 사귀지 못한다면 어찌 만물이 생명을 얻겠는가?

意 帝乙皈妹 不如其娣(제을귀매 불여기제)라는 이야기가 있다. 제을이 공주를 시집보냈는데 그 공주의 차림새가 공주의 하인보다 못하였다. 이를 두고 세인들은 말이 많았다. 그러나 공주는 한천한 남편의 형편에 맞는 검소한 차림을 하였으니 지혜가 이쯤 된다면 어찌 천하를 얻지 못하리요, 세상은 언제나 불리하다. 하여 불리하지 않으며 유리하다 하여 유리하지 않음을 알아야 함이라

21. ䷥ 離上兌下(이상태하)~火澤睽(화택규)
　　二女同居 一片反睦(이녀동거 일편반목)
　　匪構婚媾 天且劓形(비구혼구 천차의형)
　　睽離之時 小事有望(규리지시 소사유망)
　　萬物之睽 睽而大用(만물지규 규이대용)

解 한집에 두 여자가 함께 살아가니 반목함이 두렵다. 집에 배필을 두고 밖에 나가 또 결혼을 하니 코를 잘리운다. 뜻이 어그러져 헤어지는 때가 온다. 작은 일에는 이익이 있으나 남녀 간 불륜을 조심하라 만물은 원래 다르지만 서로 다른 탓에 크게 쓰임이다.

意 하늘과 땅이 다르므로 천지소생이 모두 제각각이다. 이를 어찌 흉하다 하겠는가 남자끼리도 다르고 여자끼리도 다르다. 이같은 다름을 적재적소에 활용하여 조화를 이루면 다다익선이요 그렇지 못하고 지혜가 부족하다면 다르지 않는 하나도 재앙이 된다.

22. ䷹ 兌上兌下(태상태하)~兌爲澤(태위택)
　　甘言利說 信斤破足(감언이설 신근파족)
　　喜喜樂樂 說以犯亂(희희낙락 설이범난)

喜憂相半 說以先民(희우상반 설이선민)

商量介然 疾惡追放(상량개연 질오추방)

解 감언이설을 귀담아 듣다보면 믿는 도끼에 발등을 찍히게 된다. 생각 분별없이 희희낙락하다보면 말로써 어려움을 범한다. 기쁨과 근심이 반씩이다. 남의 말을 들으면 불리하고 남을 먼저 설득하면 유리하다. 분명한 것을 헤아리며 질오를 멀리한다면 마침내 기쁨이 있을 것이다.

意 태는 기쁨의 길이요 열락의 도라 하였다. 학자는 학문의 깊어짐을 기뻐하고, 농부는 풍년을 기뻐하고, 친구끼리는 마음이 통할 때 더욱 기쁘다. 태괘는 천지가 함께 기뻐하는 상이요, 그 성질이 내열외열하니 즐거워하는 덕이요, 함께 느끼는 감동이다. 절도가 있어야 형통한다.

23. ☰ 乾上兌下(건상태하)~天澤履(천택리)

瓣上下人 普施考察(판상하인 보시고찰)

虎尾足踏 不中自亂(호미족답 부중자란)

泰然則行 不咥不人(태연즉행 부절불인)

元吉在上 大有慶也(원길재상 대유경야)

解 주위를 살피고 고루 덕을 베푸는 상이다. 부지중에 호랑이 꼬리를 밟았으니 화를 면하기 어렵다. 당황하지 않고 태연하게 행동하면 호랑이도 물지 않을 것이나 예절을 잃는다면 더욱 위태로워 진다.

意 履卦(리괘)는 예절의 법도이다. 건상태하는 그 성질이 안으로 희열하고 밖으로 건전하므로 예절의 본이되고 그 형상은 하늘이 위에 있고 연못이 아래에 있어 만물이 제각각 분수를 지키는 모습이다.

천지만물이 제자리의 바름으로 형통하리라.

24. ䷊ 坤上乾下(곤상건하)~地天泰(지천태)

　　天地交泰 財成天地(천지교태 재성천지)
　　小往大來 小人道消(소왕대래 소인도소)
　　輔相天地 左右宣民(보상천지 좌우선민)
　　包荒得尙 中行光大(포황득상 중행광대)

解 음양이 예로써 사귀어 균형을 이루니 천지만물이 풍성하도다. 작은 것으로 큰 것을 부르니 군자는 형통하고 소인은 따르지 않는다. 천지가 서로 호응하고 사람마다 서로 베푸니 태평성세로다. 거칠고 무성함을 도로써 포용하니 그 빛이 천지에 가득하다.

意 천지의 기운이 바르고 힘차고 조화로우니 사람과 만물에 모두 허물이 없다. 이는 천지만물이 서로 예로써 배려함이라. 이를 良道(양도)라 한다. 또한 군자는 長有(장유)하고 소인은 消無(소무)하다 하는데 역시 正道(정도)는 길하고 邪道(사도)는 음지가 없으니 발붙일 곳이 없다.

25. ䷙ 艮上乾下(간상건하)~山天大畜(산천대축)

　　不家食吉 賢人養接(불가식길 현인양접)
　　日新其德 光輝萬里(일신기덕 광휘만리)
　　火旺之節 事斷必愼(화왕지절 사단필신)
　　大德正學 友正革新(대덕정학 우정혁신)

解 집에 있지 말고 가능하다면 필요한 사람들은 찾아다니며 대접을 하라. 날로 그 덕이 두터워지면서 그 빛이 만리까지 비추리라. 3,4월경 하던일은 중단하지 마라 5,6월이면 형통하리니 크게 베풀고 바르게 배운자가 위에 있으면 천하가 새로워진다.

意 輝光萬里(휘광만리)란 큰 빛으로 만리까지 밝음이 미친다는 의
　 미다. 널리 밝으니 私邪(사사)로움이 발붙일 곳이 없고 발붙일
　 곳이 없으니 순박하고 순수함이 가득하다. 순수함이 가득하니
　 상하가 소통하고 학문과 진리가 바로서고 바로 행해짐이라

26. ☵☰ 坎上乾下(감상건하)~水天需(수천수)
　　 氷上輕步 速行難犯(빙상경보 속행난범)
　　 災在外處 自我致究(재재외처 자아치구)
　　 待時移動 敬愼不敗(대시이동 경신불패)
　　 利涉大川 往日有德(이섭대천 왕일유덕)
　解 살얼음 위를 걸을 수는 없다. 급할수록 곤란은 더욱 가중된다.
　　 재앙이 밖에서 발생하는데 왜 도적을 스스로 불러 들이는가?
　　 매사 때를 기다려 이로울 때 행하라 심사숙고 하라 성급한 결
　　 정이나 행동은 실패를 부른다.
　意 需(수)괘는 음식의 도이며 구하고 찾아서 먹어야 하는 길이다.
　　 만약 차려진 밥상을 받게되면 체하고 배탈이 난다. 그래서 사
　　 양하고 기다려야 한다. 기회는 자연도래한다. 利涉大川(이섭
　　 대천)은 기회가 왔을 때 큰강을 건너야 하는데 약자는 익사하
　　 고 강자는 무사히 물을 건너 이익을 얻는다.

27. ☴☰ 巽上乾下(손상건하)~風天小畜(풍천소축)
　　 勿貪非分 剛失不中(물탐비분 강실부중)
　　 意外橫厄 大事悲劇(의외횡액 대사비극)
　　 指以削金 每事畜小(지이삭금 매사축소)
　　 夫妻反目 不能正室(부처반목 불능정실)
　解 욕심 부리지 마라 분수 밖의 일이다. 심불리신불리(心不利 身
　　 不利)다. 뜻밖의 횡액수가 있다. 욕심이 많으면 많은 만큼 비극

도 커질 것이다. 손톱으로 쇠를 깎는 격이니 용기는 가상하나 되는 일이 아니다.

설상가상으로 부부가 반목하니 가정까지 위험하다.

意 소축괘는 一陰始生(일음시생)의 형상이니 소서대서 격이다. 오직 천지사방의 균형이 옳지 않다. 때를 기다림이 옳지 않겠는가?

옛말에 사람을 가르치지 않고 쓰면 사람을 버리고 기르지 않고 부리면 사람을 해치는 것이다. 하였다. 세상을 움직이고자 한다면 오랜세월 기다리고 길러야 함이다. 세상은 자신의 능력만큼 움직일 수 있기 때문이다.

28. ䷡ 震上乾下(진상건하)~雷天大將(뇌천대장)

　　自强自勝 言必困窮(자강자승 언필곤궁)
　　羝羊觸藩 自退不遂(저양촉번 자퇴불수)
　　自取困厄 勝負勿推(자취곤액 승부물추)
　　小人用壯 君子用罔(소인용장 군자용망)

解 자기 주장이 너무 강하므로써 말에 대한 곤궁함이 발생한다. 숫양이 자신의 힘만을 믿고 울타리를 들이 받으니 진퇴양난 이로구나 스스로 재앙을 부르는 격이다. 싸움에 이기고도 손해를 피할 길이 없다. 소인은 만용을 부리고 군자는 교만하므로 화를 자초하는 모양이다.

意 작은 것은 굳이 작다고 하지 않아도 작은 것이요, 큰 것은 굳이 크다고 하지 않아도 큰 것이다. 호랑이는 발톱이나 이빨을 자랑하지 않아도 백수의 왕이요 쥐는 자신의 능력을 말하지 않더라도 도둑임을 세상이 알고 있다. 조금만 조용히 엎드려 있으면 적은 해치지 못하고 상황은 바뀐다.

29. ䷍ 離上乾下(이상건하)~火天大有(화천대유)
　　順天時行 吉無不利(순천시행 길무불리)
　　尙賢信助 其德大善(상현신조 기덕대선)
　　渴惡揚善 自天佑志(갈악양선 자천우지)
　　草野之賢 小人弗克(초야지현 소인불극)
解 순천자가 때를 만났으니 불길할 일이 무엇이고 어디에 있겠는가! 이긴자를 믿고 어진자 또한 도와주니 덕은 퍼지고 명예는 밝으리라. 소인을 멀리하고 천심이 민심임을 안다면 어찌 길하지 않겠는가? 초야의 현자가 뜻을 세우면 소인들은 백계가 무용이니 이기지 못한다.
意 虛心無欲 隋時處中(허심무욕 수시처중)이라 했다. 백성은 군자를 반기고 파당은 소인의 꾀를 즐긴다. 이름 없는 현자가 뜻을 세우매 소인들이 지리멸렬한다. 그러나 호사다마. 군자가 중심을 잃게 되면 3일 천하다. 초지일관하여 뜻을 이루면 범처럼 용맹정진할 일이다.

30. ䷪ 兌上乾下(태상건하)~澤天夬(택천쾌)
　　聞言不信 堅集强決(문언불신 견집강결)
　　是非重重 終不可成(시비중중 종불가성)
　　有始無終 終凶謨始(유시무종 종흉모시)
　　不利則爭 有利攸走(불리즉쟁 유리유주)
解 조언을 듣지 않고 믿지도 않으며 고집만 부리니 우물안 개구리 격이라 소신이랍시고 밀고 나가다보니 시비가 끊이질 않고 결국은 뜻도 이루지 못한다.
　시작만 있고 결과가 없으니 용두사미 격이라 마침내는 흉허물만 남는다. 내가 분명 옳을지라도 붙어 싸우지 마라 엄포를 놓고 도망갈 기회를 주어라, 이에 행운이 있을 것이다.

意 夬(쾌)괘는 결단의 길이다. 선으로써 악을 치고 公(공)으로써 私(사)를 치는 행위를 쾌라 한다. 老陰(노음)은 교활하니 궁색한 쥐가 고양이를 물어뜯는 형상이다. 만약을 대비하는 지혜가 필요하다. 4면 공격은 불리하고 3면 공격은 후회가 없을 것이다.

31. 乾上巽下(건상손하)~天風姤(천풍구)

青天白日 大雨滂泥(청천백일 대우방니)
志不相得 白天有隔(지불상득 백천유격)
心行金柅 不可興長(심행금니 불가흥장)
天地相遇 品物咸章(천지상우 품물함장)

解 맑은 하늘에 장대비가 웬말인가? 물이 범람하고 길이 막히니 소인을 멀리하라 횡액이 두렵다. 얻고자 하는 것과 품은 뜻이 서로 다르니 스스로 멀어진다. 생각과 행동을 스스로 경계하고 살펴라 뜻이 오래가지 못하고 도둑이나 송사, 배신이 두렵다.

意 노인과 어린 소녀가 만나는 격이다. 군자는 세상을 아름답게 하지만 소인은 세상을 어지럽게 한다. 군자가 진실함으로써 3고초려한다면 대현을 만날 것이요 더불어 선을 밝혀 광명세계를 세울 것이니 아름답지 않겠는가? 하지만 인색하다면 세상이 혼란함을 면키 어렵다.

32. 兌上巽下(태상손하)~澤風大過(택풍대과)

老夫之說 少女喜喜(노부지설 소녀희희)
事理不當 邪述愼避(사리부당 사술신피)
大過之象 棟樑折像(대과지상 동량절상)
小過大過 一長一短(소과대과 일장일단)

解 늙을 남편이 하는 이야기를 듣고 어린 마누라가 즐거워 한다. 지금은 웃고 있지만 미래가 어둡다. 이치에 맞지 않는 일은 결과도 좋지 않다. 신중하라 사술에 걸리면 상처가 깊을 것이다. 욕심을 버려라 욕심이 지나쳐 지붕을 치장하다 보면 기둥이 무너진다.

意 대과란 크게 지나치다라는 뜻이다. 세상이치로 의미를 새겨볼 때 넘치는 것은 부족함만 못하다라고 했다. 고목봉춘은 할아버지가 소녀를 만남이요. 자루에 고기가 없음은 소녀가 할아버지를 만남이다. 이것을 크게 지나쳤다고 한다. 무릇 세상사는 장단점이 있다.

33. ☲ 離上巽下(이상손하)~火風鼎(화풍정)

　　火業最好 日新其德(화업최호 일신기덕)
　　智小謨大 力小重任(지소모대 역소중임)
　　德薄成功 行事致用(덕박성공 행사치용)
　　古來九鼎 大器重寶(고래구정 대기중보)

解 불을 다루거나 불을 이용하는 업을 수행한다면 가장 좋은 일이다. 날로 그 덕이 새로워질 것이다. 지혜는 부족하고 꽤만 많으니 용두사미요 힘은 약한데 짐이 많으니 또 꽤가 나오는구나 덕은 얇아도 분수에 맞추어 살아간다면 성공이 눈앞에 보인다.

意 구정은 옛날부터 하늘을 뜻하고 황제를 뜻하는 천하제후의 징표로써 보물로 여겨왔다. 솥은 성질을 바꾸는데 능하다고 했다.

즉 변화를 주도한다는 의미다. 화풍정괘는 누구든 무엇이든 변화가 가능함을 시사하고 있다. 또한 추상적변화가 아닌 실체의 변화를 뜻한다.

34. ䷟ 震上巽下(진상손하)~雷風恒(뇌풍항)
   雷風相搏 木落鬼死(뇌풍상박 목락귀사)
   乘高避風 年中最忌(승고피풍 연중최기)
   損傷血氣 男凶女吉(손상혈기 남흉여길)
   天地之道 恒久不變(천지지도 항구불변)

   解 우뢰와 바람이 다투니 귀신도 나무에서 떨어져 죽는다. 슬하에 근심이 두렵다. 높은데 오르지 말고 바람을 피하라 낙상과 풍재가 심상치 않다. 흉조는 슬하에 있다. 년중 조심하되 6, 7월을 가장 조심해야 한다. 남자는 흉하고 여자는 길하다고 하였다.

   意 천지는 영원불변이다. 雷風相與 剛柔皆應(뇌풍상여 강유개응)이니 우뢰와 바람이 상하로 서로 도우니 흥성하고 감동하는 괘상이요 강유가 개응함은 일가친척 이웃사촌 모두가 두루두루 화목하고 화락하며 안정하나 호사다마 방심하는 곳에 재앙이 있다.

35. ䷸ 巽上巽下(손상손하)~巽爲風(손위풍)
   丁寧煩悉 神命行事(정녕번실 신명행사)
   卜道受用 無初有終(복도수용 무초유종)
   先庚三日 後庚三日(선경3일 후경3일)
   順從之德 一喜一賤(순종지덕 일희일천)

   解 보이지 않는 천지의 기운이 얽히니 마음은 번거롭고 몸은 무겁다. 노년은 중풍을 조심하라. 소년은 벼슬길에 오르는 운이다. 천지조화를 도로써 수용하라 시작은 비록 미미하나 결과가 좋다. 丁月이나 丁日에 심신제계하고 기도하라. 未月이나 未日에 뜻을 이룬다.

   意 순종지덕이라 함은 윗사람에게 아랫사람이 따르는 일이요, 가

난한자가 부자를 따르는 길이요, 선비가 법을 따르는 것은 모두가 순덕이다. 이를 기쁨이라 한다. 그러나 사대주의는 국가 존망지도요 약자가 강자의 영향을 받는 것은 생존지도요 부귀권세에 복종하는 것은 모두가 비참하고 천박함이다.

36. ䷯ 坎上巽下(감상손하)~水風井(수풍정)

　　井不可遷 移舍不利(정불가천 이사불리)

　　平地風波 束手無策(평지풍파 속수무책)

　　離別風波 沙城之厄(이별풍파 사성지액)

　　修井漢泉 一盃甘陰(수정한천 일배감음)

解 산은 옮겨도 우물은 옮길 수가 없다. 이사나 이동은 불리할 뿐이다. 속수무책이다. 손을 풀면 평지풍파가 일어난다. 이별, 파산, 부도, 손재가 극심할 수요, 형액이 중중하니 은둔 자중하라, 우물을 수리하여 맑은물이 나오면 달고 시원할 것이다.

意 감상손하격은 나무위의 물이다. 비오는 날이 아니면 비바람이 몰아치는 격이다. 장마가 지고 비바람이 치는데 손발을 묶지 않으면 어찌할 것인가? 조용히 조식하고 기다릴 뿐이다. 하지만 비바람이 그치면 천지는 맑고 투명하며 볕은 따스하고 공기는 향기로우리라.

37. ䷑ 艮上巽下(간상손하)~山風蠱(산풍고)

　　近處有賊 信斤破足(근처유적 신근파족)

　　前事過重 大崩防始(전사과중 대붕방시)

　　亂后復治 更治丁靈(난후복치 갱치정령)

　　山下有風 振民育德(산하유풍 진민육덕)

解 가까운 곳은 조심하라 믿는 도끼에 발등 찍힌다. 앞에 놓인 일이 벅차다. 前甲三日 后甲三日(전갑3일 후갑3일)하라 하였으

제 7장 주역(周易)　143

니 이는 심사숙고 하여 일이 잘못됨을 미연에 방비하라는 뜻이다. 어려운 고비를 넘긴다면 천지신명께 기도하라, 기도 또한 전갑후갑일이 좋다. 산 아래 바람이 일어나니 군자는 이롭고 소인은 불리하다. 정도를 지킨다면 군소대길이다.

意 산 아래 바람은 골바람이다. 골바람은 음풍이니 양을 이긴다. 군자육덕이요, 소인 진민이니 맞바람은 잠시 피하는 것이 옳다. 무엇인가 새로운 힘이 꿈틀거린다. 잘 살필 일이다. 변화를 희망하는 괘상이다. 正邪(정사)를 구분하고 직분을 다하면 길할 것이다.

38. ䷭ 坤上巽下(곤상손하)~地風升(지풍승)
　　昏冥升極 待時不來(혼명승극 대시불래)
　　勿恤南進 有退不進(물휼남진 유퇴불진)
　　陰陽不交 夫妻反睦(음양불교 부처반목)
　　升階得志 小人不富(승계득지 소인불부)

解 산정상에 올랐건만 아직 안개속이다. 때를 기다리지만 오지 않는다. 남쪽으로 나아가면 근심이 없다. 그렇지 않으면 나가지 못하고 물러나야 한다. 음기가 강하므로 부부가 반목할 수 있다. 한계단 한계단 오르면 뜻을 이루지만 소인은 지탱하지 못한다.

意 새벽기운이다. 아직 음기는 강하고 양기는 약하다. 그러나 새벽은 점점 밝아오니 희망이 크다. 이것이 남진물휼이다. 음으로써 양이 강성하여지니 걱정할 일이 무엇인가. 군자는 마땅하고 소인은 마땅하지 않으니 어둠이 사라져가는 까닭이다.

39. ䷅ 乾上坎下(건상감하)~天水訟(천수송)
　　與人爭判 窒塞不通(여인쟁판 질색불통)

事旣未判 吉凶難判(사기미판 길흉난판)

訟不可成 終凶謨始(송불가성 종흉모시)

不永所事 有言終吉(불영소사 유언종길)

解 이웃간에 송사수가 있으니 관액이요, 운수가 불길하고 막힘이다. 이미 얽힌 일에 선악판별이 어렵다. 송사로는 뜻을 이루지 못한다. 인간관계에서는 항상 끝에 가서 利權(이권)으로 다툼이 있으니 지혜로써 이를 사전에 방비해야만 한다.

송사는 오래가지 않는다. 양보하는 것이 누명인듯하나 종국에는 길하다.

意 송사란 正誤(정오)를 객관적으로 가리는 일인바 밝음이 물속에 빠졌으니 눈있는 자도 장님이요, 눈없는 자도 장님이니 누가 선악을 구분해 줄 것인가? 평상시 지혜롭지 못하면 관재구설은 항상 따라다닌다. 그래서 군자는 길하고 소인은 흉한 것이다. 설령 송사에 이겼다 할지라도 아침이 오면 선악이 명백해질 것이다.

40. ䷮ 兌上坎下(태상감하)~澤水困(택수곤)

有言不信 其道可窮(유언불신 기도가궁)

困必能辱 身必危忌(곤필능욕 신필위기)

澤上枯木 無水致命(택상고목 무수치명)

伏待其時 枯木逢春(복대기시 고목봉춘)

解 말을 해도 믿지 않고 듣는이 없으니 오직 궁색할 뿐이다. 궁색함을 피하고자 하나 오히려 욕이 되고 몸도 마음도 위태로워질 뿐이다.

물 빠진 연못에 고목이 있는데 물까지 없으니 시달림이 심하다.

엎드려 때를 기다리면 고목이 봄을 만날 것이다 조급하면 더욱
흉하다.

意 곤괘는 주역의 4대 난괘에 속한다고 한다. 곤궁함이란 사람이
견디기 힘든 최악의 상황이다. 이때에 군자와 소인이 분리된
다. 시련을 이기지 못하고 지조를 지키고 덕망을 잃지 않으며
재능을 발휘하고 이웃을 보살피는 행동은 대인이다. 대인은 언
제나 평정을 잃지 않고 자숙하고 행동하며 소인은 언제나 말을
앞세우고 일이 잘못되면 변명으로 자기 합리화를 하므로 그 말
을 믿지 않는다.

41. ☲☵ 離上坎下(이상감하)~火水未濟(화수미제)
    行事道窮 小孤之象(행사도궁 소고지상)
    水火不交 心志未成(수화불교 심지미성)
    飮酒澤首 德柔則應(음주택수 덕유즉응)
    有孚無咎 不信有失(유부무구 불신유실)

解 하는 일에 장애가 많으니 곤궁하고 고단하다. 불과 물이 함께
할 수 없드시 생각대로 일이 풀리지 않고 풀리지 않으니 일을
미루기가 어렵다. 술과 밥을 아끼지 말라 부드러이 덕을 베풀
었다면 뜻을 이룬다. 평소 믿음이 있었다면 허물이 없으나 그
렇지 않았다면 얻지 못할 것이다.

意 화수미제나 수화기제는 물과 불이 함께 하는 괘상이다.
불과 물의 사이에는 중개자 木(목)이 필요하다. 목은 어짐이다.
어짐으로써 미제는 해결된다. 기제의 이치 또한 같은 것이다.
괘상으로 보면 이괘는 태양이 솟는 형상이요 감괘는 태양이 서
산으로 빠져드는 형상이다.

42. ☳☵ 震上坎下(진상감하)~雷水解(뇌수해)

事上再事 亦可醜也(사상재사 역가추야)
一時之事 未能始成(일시지사 미능시성)
速決有望 緩則失敗(속결유망 완즉실패)
維有解吉 有孚小人(유유해길 유부소인)

解 한사람이 두 지게를 짊어지니 가이 추한 꼴이다. 일시에 많은 이득을 보려하니 성공하기 어렵고 음모에 휘말릴까 두려운 운이다.

구슬도 꿰어야 보배가 된다. 내일 천냥보다 오늘 한냥이 가치가 있다. 속히 일을 마무리해야 한다. 더디면 실패하고 손해 본다. 군자가 덕을 베풀어 소인에게 믿음을 심어야 한다.

意 천둥과 비가 함께 하는 괘상이다. 목마른 대지에 단비가 되고 언젠가 비는 그칠것이니 맑은날이 기약되어 있다. 시령지변이니 인내하고 자숙하고 기다림이 마땅할 것이다. 그러나 기회다 싶으면 속전속결 하므로서 대망을 성취할 것이다. 성공의 열쇠는 어제의 준비에 있다.

43. ䷺ 巽上坎下(손상감하)~風水渙(풍수환)
人財竝離 家內風波(인재병리 가내풍파)
若非其然 財若散雲(약비기연 재약산운)
落陽嫁女 善隨人走(낙양가녀 선수인주)
天地調化 集散之事(천지조화 집산지사)

解 바람에 물이 흘러 흩어지니 바람이 가정에 불면 가족과 재물이 흩어질 것이요, 만약 그러하지 않는다면 사업에 부도가 날 운이다. 시집간 여인이 새 남자를 만나 도망을 갔으니 이를 어찌할꼬? 생이별을 조심하라 모이고 흩어지는 현상은 천지조화가 아닌가!

意 모이고 흩어지는 현상은 천지조화다. 때에 따라 모이고 흩어지며 장소에 따라 모이고 흩어지며 목적에 따라 모이고 흩어진다. 남자가 장성하면 새 가정을 꾸려 떠나야 하고 여자가 장성하면 집을 떠나 시집을 가야 한다. 이를 어긴다면 오히려 흉하다.

44. ䷜ 坎上坎下(감상감하)~坎爲水(감위수)
　　陷者獄至 失道凶歲(함자옥지 실도흉세)
　　外虛內實 行尙有功(외허내실 행상유공)
　　至誠地道 何事不成(지성지도 하사불성)
　　天險地險 順天應時(천험지험 순천응시)

解 도를 잃고 함정에 빠져 옥문에 이르렀으니 불운 3년이다. 외허내실로 남보기에는 불운이라 하나 때는 중추가절이니 군자의 도를 잃지 않는다면 공과가 있다. 지성이면 감천이니 성심을 다하여 노력하라 천험지험할지라도 순천자에게 기회가 올 것이다.

意 習坎重險(습감중험)은 이중함정이요 이중고난을 일컬음이다. 여우를 피하니 늑대를 만나게 된다든가 산넘어 산이라는 뜻과 그 이치가 같다. 군자란 허심무욕하여 사면초가라 할지언정 정신이 흔들림이 없으니 길하고 소인은 뜻이 흔들리고 갈팡질팡하니 늪에 발이 빠진것처럼 힘을 쓰면 쓸수록 허우적거리면 허우적 거릴수록 더욱 위험이 깊어지는 이유다.

45. ䷃ 艮上坎下(간상감하)~山水蒙(산수몽)
　　山程水程 獨懷不當(산정수정 독회부당)
　　有金人躬 不利爲寇(유금인궁 불리위구)
　　勿用取人 行動不順(물용취인 행동불순)

無知蒙昧 啓蒙敎育(무지몽매 계몽교육)

解 앞은 산으로 막히고 뒤는 물로 막혔다. 거만과 자만은 일을 망치는 근본이다. 돈을 보고 몸을 굽히는 사람은 도둑이다. 조심하지 않으면 안된다. 동업자를 구하지 마라 동반실패하는 수가 있다. 몸은 아직 철들지 않음이요, 산에 안개가 자욱하여 사물이 불분명함이요, 저녁 어스름이다.

意 蒙(몽)은 자신의 무지와 무능을 자각하는 일이 형통하는 길이라 하였다. 다시 말하면 자신의 잘못을 알고 고치며 부족한 부분을 채우기 위하여 좋은 친구를 사귀고 스승을 찾아 다니며 배운다면 실수는 줄어들고 좋은일은 늘어나며 주위로부터 존경을 받게 될 것이다.

46. ☰☶ 乾上艮下(건상간하)~天山遯(천산둔)

　　君嚴自守 小人勿近(군엄자수 소인물근)
　　君子遁退 事必危止(군자둔퇴 사필위지)
　　小人遠斥 不往何災(소인원척 불왕하재)
　　執之黃革 莫之勝脫(집지황혁 막지승탈)

解 군자는 항상 자신을 지키는데 엄하지 않으면 안된다. 소인을 가까이 하지 말라 먼저 배신하면 이롭고 배신을 당하면 위험에 처하여 낭패스럽다. 소인을 멀리 배척하라 가지 않으면 크고 작은 재앙을 어찌할 것인가? 지도자가 이미 군자의 능력을 알고 황소가죽으로 잡으니 어찌 이를 어기고 탈출에 성공할 수 있겠는가 성심을 다할 뿐이다.

意 군자가 출세할 때 주인은 끝까지 골라도 때는 지나치게 고를 수 없다고 했다. 제갈공명의 출세가 하나의 본보기다. 遯(둔)괘는 어지럽고 혼란한 현상을 뜻한다. 군자가 은둔하여 자연을

벗한다면 신선이 부럽지 않을 것이나 이미 군자의 능력을 알아
보는 주인이 삼고초려를 하는데 어찌 어길 것인가?

47. ䷞ 兌上艮下(태상간하)~澤山咸(택산함)

前途省察 靡室窮居(전도성찰 비실궁거)

志察隨人 不智不幸(지찰수인 부지불행)

老鶴失巢 浪送歲月(노학실소 낭송세월)

天地感應 萬物之情(천지감응 만물지정)

解 앞날을 잘 살펴 일을 진행하라. 과하면 무너져 곤궁하게 된다. 따르는 사람들의 뜻을 잘 살려라 침소봉대하는 아첨이나 칭찬에 흔들리면 결과가 불행하다. 사심을 놓지 못하면 늙은 학이 집을 잃고 파랑에 밀리며 구차한 목숨부지가 처량하다.

意 咸卦(함괘)는 咸恒(함항)이다. 산위의 연못이니 백두산 천지와 같다. 천지가 감응하니 만물이 화답하는 괘다. 성인이 세상을 보매 천하가 화평하다. 이를 만물지정이라 한다. 안달하고 조급하면 되는일이 없을 것이요, 욕심을 버리고 겸손하며 고요히 감정을 다스려라 길할 것이다.

48. ䷷ 離上艮下(이상간하)~火山旅(화산여)

旅寡捉詐 詐所取災(여과착사 사소취재)

射雉忘矢 志窮之災(사치망시 지궁지재)

旅吉后笑 終有名譽(여길후소 종유명예)

鳥焚其巢 先笑後哭(조분기소 선소후곡)

解 나그네가 작은 것에 집착하여 남을 속이면 따르는 재앙을 어찌 피하리. 꿩을 잡으려 화살은 날렸으나 화살만 잃어버린 격이다. 마음만 있을 뿐 궁색함이 재앙이다. 여행은 길하다. 끝내는 명예가 있을 것이다. 새가 집을 태웠으니 불 탈때는 웃지만 불

꺼지면 울 것이다.

意 동산에 태양이 솟아오르는 형상이다. 만물의 실체가 백일하에 들어났으니 어찌 한점 의혹이 있을 것이며 어디를 속이고 감춤이 있을 수 있겠는가?

오직 진실되고 성실 근면함만이 기쁨을 줄 것이다. 밝아도 보지 않으면 알지 못하니 잘 살피고 잘 듣고 두루 기억함으로써 나그네의 기쁨을 얻어야 할 것이다.

49. ䷽ 震上艮下(진상간하)~雷山小過(뇌산소과)
    運止身動 食小事煩(운지신동 식소사번)
    自强自勝 虛欲滿腹(자강자승 허욕만복)
    大事悲劇 失敗可危(대사비극 실패가위)
    下位有吉 小利足也(하위유길 소리족야)

解 운은 그쳐 움직일 줄 모르는데 몸만 분주하니 일은 번거롭고 실속은 없다. 세상이 모두 자신을 위하여 존재한다는 착각에 빠져 헛배만 부풀은 격이다. 자신에 과한 일은 비극을 부른다. 그 실패로 인하여 재기불능일까 두렵다. 낮은 곳으로 임하라 작은 이익으로 만족할줄 알 때 길운이 열릴 것이다.

意 산위에 벼락이 자리하고 있는 형상이다. 높은 곳을 탐하면 비극이 있을 뿐이다. 오직 겸손하고 예절을 지키며 작은 것에 감사할 줄 알고 몸을 낮추어라 검소하고 근면하면 자연스럽게 좋은 기회가 도래한다. 대사는 참극을 빚고 소사는 無寇(무구)하리라

50. ䷴ 巽上艮下(손상간하)~風山漸(풍산점)
    夫婦相爭 離群醜也(부부상쟁 이군추야)
    吉者漸吉 凶者漸凶(길자점길 흉자점흉)

人惟之道 順道相保(인유지도 순도상보)

明理誠身 至善同仁(명리성신 지선동인)

解 부부가 서로 맞서서 이기려 하는 운이니 기혼자는 이별수요 미혼자는 결혼할 운수다. 운이 좋은 사람은 점점 더 좋아지고 운이 흉한 사람은 점점 더 흉해진다. 오직 인간의 도리를 헤아린다면 천지의 순리를 따르고 서로를 돕고 보호하는 정신을 함양하고 덕을 베풀어야 할 것이다.

意 손상간하는 산위의 바람이다. 오전은 육풍(산바람)이요 오후는 해풍(골바람)이다 오전이 이롭다면 오후는 해롭고 오전이 해롭다면 오후는 이롭다. 세상만사는 시종이 있는 법이니 始(시)는 漸(점)이지만 終(종)은 變(변)이다. 환경이 이미 변했음에도 변화를 느끼지 못하는 것은 흉이다.

51. 坎上艮下(감상간하)~水山蹇(수산건)

蹇者走行 終必自省(건자주행 종필자성)

蹇人江越 水深難濟(건인강월 수심난제)

前道險難 行進不能(전도험난 행진불능)

君子西南 小人東北(군자서남 소인동북)

解 절름발이가 걷기도 힘든데 달리고 있으니 마침내 후회하게 될 일이다. 또한 강을 건너고자 하나 물이 깊고 험해서 건너기가 어렵구나 앞길이 험난하니 앞으로 더 나아가지 못함이다. 군자는 서남쪽을 선택하고 소인은 동북쪽을 향한다.

意 屯(둔)과 坤(곤)과 건이 同難(동난)이니 둔은 험난한 속에서 활동해야 하며 생존에 어려움을 겪는다는 뜻이고 곤은 위태한 운명을 받아들임에 신의와 도리를 지키기 어렵다는 뜻이며 건괘는 궁색한 가운데서 활동할 수 없으니 생계가 어렵고 고통스럽

다는 뜻이다.

52. ䷳ 艮上艮下(간상간하)~艮爲山(간위산)
    占必能止 身動不遂(점필능지 신동불수)
    所止不得 心甚不安(소지부득 심심불안)
    靜動不失 時止時行(정동부실 시지시행)
    無欲虛靜 天眞至善(무욕허정 천진지선)
    解 간이 산 괘는 반드시 하던 일을 중도에 그칠 수 있다는 의미가 있다. 몸은 바빠도 뜻을 이루기가 어렵다. 운이 멈추었으니 소득이 없다. 마음만 심히 불안할 뿐이다. 때를 따라 움직이고 때를 따라 쉬는 것이 잃음을 막을 수 있다.
    욕심도 버리고 고요함 마저 비워라 인심은 천심이니 하늘이 좋아하는 것은 진실이다.
    意 止(지)는 성인의 恒心(항심)이라 했다. 간괘는 산위의 산으로 첩첩이다. 聖(성)은 愚(우)다. 그러므로 군자는 길하고 소인은 돌아선다. 正直(정직)하고 誠敬(성경)하고 戒律(계율)하고 絶緣(절연)하고 力行(역행)하고 道通(도통)하는 것이 계신공구하는 지괘의 본의다.

53. ䷎ 坤上艮下(곤상간하)~地山謙(지산겸)
    輕損謙益 勞而不成(경손겸익 노이불성)
    人道盈害 鬼神盈害(인도영해 귀신영해)
    勞謙有終 謙遜受福(노겸유종 겸손수복)
    厥孚交如 信以發志(궐부교여 신이발지)
    解 경솔하면 손해가 따르고 겸손하면 이익이 따른다. 형식적인 노력은 일을 이루지 못한다. 진심을 실어라 넘쳐서 해로운 것은 사람도 귀신도 같은 것이다. 노력하면서 겸손하다면 유종의 아

름다움이 있고 복을 받는다는 것은 자신을 낮추어 아래서부터 위로 키움이라 이는 만인이 보고 믿음이라.

意 겸괘는 역상이다. 땅위에 산이 있는 것이 아니고 산위에 땅이 있다. 매우 위태로운 상이다. 그러니 겸손해야 한다. 방향을 바꾸면 살이 두꺼운 산으로 덕산이 된다. 그러나 5음 1양이니 푸성귀만 무성하고 열매는 부실하다. 내일을 기약해야 하니 오직 겸손함으로 양기를 보존해야 한다.

54. ䷋ 乾上坤下(건상곤하)~天地否(천지비)

　　天地不交 萬物不興(천지부교 만물불흥)
　　大往小來 治不忘難(대왕소래 치부망난)
　　危者存位 亡者保存(위자존위 망자보존)
　　否終則傾 何可長也(비종즉경 하가장야)

解 천지가 사귀기를 멈추었으니 만물 또한 욕심 부리지 말고 다음을 기약해야 할 것이다. 움직이면 크게 나가고 적게 들어온다. 휴식하지 않으면 흉하다. 이치를 아는 자는 자리를 보존하고 지혜 있는 자 또한 자신을 보존할 것이다.
끝이 아니라면 다함이니 어찌 오래 가겠는가? 조금만 기다려라.

意 否(비)괘는 天地正位(천지정위)다 우주변화를 보면 동지가 되고 하루로 보면 한밤중이니 동하면 불리하고 정하면 이롭다. 세상만사는 새옹지마다. 끝은 곧 시작이요. 시작은 곧 끝이니 조금만 기다리면 새날이 밝아 올 것이다.

55. ䷬ 兌上坤下(태상곤하)~澤地萃(택지췌)

　　群衆之處 句心群合(군중지처 구심군합)
　　聚必大得 人合財聚(취필대득 인합재취)

誠敬鬼神 祭祀報本(성경귀신 제사보본)
天命之順 博施濟衆(천명지순 박시제중)

解 많은 사람이 모이고 그 모인 사람들의 뜻이 하나라면 대길하리라, 무엇이든 모으면 모은 만큼 이룰 수 있는 운수이니 사람과 재물이다. 성심과 공경으로 생명을 섬기고 천지에 감사하라 덕을 내릴 것이다. 내린 덕을 받아 또다시 베풀어라 순천자는 다 경하리니!

意 택지췌괘는 연못에 물이 모여 채워지는 상이다. 이를 길상이라 한다. 연못도 땅위에 있고 바다도 땅위에 있다. 물이 모이는 것은 떠다 쓰기 위함이다. 이는 연못의 덕이다. 만약 연못에 물이 모이지 않으면 물을 쓸 수 없고 쓸수 없음은 재앙이다. 재앙을 피하는 일이 경천이다.

56. 離上坤下(이상곤하)~火地晉(화지진)

地上明出 晝日三接(지상명출 주일삼접)
好言大賜 顯被親禮(호언대사 현피친례)
速進而愁 可以危智(속진이수 가이위지)
中正之道 失得之心(중정지도 실득지심)

解 땅위에 밝음이 내리니 어둠이 사라진 상이다. 인간은 1일 3식(식)이니 자신이나 손님에게 접대를 소홀히 하면 재앙이 온다. 좋은 말로써 크게 베풀면 백리 밖 사람들로부터 덕을 입을 것이요, 후일을 기약할 수 있음이다. 무슨 일이든 서두르면 근심거리가 생긴다. 지혜로써 위태로움을 벗어나라 중용과 엄정의 도를 잃지 마라 얻음과 잃음은 마음씀의 결과이다.

意 동편에 해 돋으니 어둠이 사라진 형상이다. 私邪(사사)로움은 숨을 곳이 없다. 時中(시중)의 도를 잃지 마라 덕은 천리를 달

리고 흉은 만리를 달린다. 쯥(진)은 나아감이요 억제함이요 꽂음이니 상황을 살펴 분수를 지키고 덕을 베풀어 후일을 기약하는 것이 옳을 것이다.

57. ䷏ 震上坤下(진상곤하)~雷地豫(뇌지예)
    疾恒不死 怠慢志悔(질항불사 태만지회)
    上交不諂 下交不瀆(상교불첨 하교불독)
    萬夫之望 斷可識也(만부지망 단가식야)

解 고질병을 앓고 있으니 죽는 병이 아니다. 그렇다고 태만하지 마라 후회할 것이다. 윗사람과 교제시에는 아첨하지 말고 아랫사람과 교제할때는 함부로 행동하지 말라 만인이 부러워 할 운이다. 운에 맞는 노력을 해야 한다. 훗날 판단해보면 이해가 될 것이다. 천지가 순동하메 사람이 하는일을 미리 준비할 수 있으니 좋은 운이다.

意 진상곤하괘는 일양5음이니 양기가 음기에 쌓여 심히 위태롭다. 그러나 뇌성벽력이 땅을 쳐서 소통시키니 죽지는 않는다. 때는 가까웠으나 아직은 움직이지 마라 7일계하고 3일제하니 예괘의 뜻이다. 하늘은 준비하는자를 돕는다.

58. ䷓ 巽上坤下(손상곤하)~豊地觀(풍지관)
    方省觀民 進官進退(방성관민 진관진퇴)
    勿道失時 吉兆不久(물도실시 길조불구)
    進退之智 常賢之保(진퇴지지 상현지보)
    觀我之生 君子無咎(관아지생 군자무구)

解 주위 사람들을 두루 살피고 친절히 하라 직장이나 사업에 변화가 있다. 가끔씩 하는 실수라도 줄여 나가라. 멀지 않은 곳에 액운이 기다리고 있다. 스스로 진퇴를 알면 귀인이 도와준다. 스

스로를 항상 살펴 사는 것이 허물없는 군자의 모습이니라.

意 관괘는 인식의 길이다. 관에는 천, 지, 방, 반, 아, 심, 지, 유, 장 관등이 있고 동관이나 규만은 소인의 관이라 한다. 2양4음의 손상곤하괘는 흙이 생명을 키워 땅위로 내보낸 상태에서 바람이 생명들을 응원하는 형상이다. 사람으로 비유하면 어린이들이니 어른들의 세심한 배려와 교육이 필요할 것이다.

59. ䷇ 坎上坤下(감상곤하)~水地比(수지비)
競爭多分 不寧方來(경쟁다분 불영방래)
君不獨立 苟非則敗(군불독립 구비즉패)
後悔有咎 占決卜度(후회유구 점결복도)
正應親比 平亂祭惡(정응친비 평난제악)

解 하는 일에 경쟁이 치열하고 편치 않는 일이 사방에서 발생한다. 사람에 있어 독불장군이라 함은 홀로서는 장군이 될 수 없다는 뜻이다. 그러므로 화친함이 옳다. 따라서 진실되지 않으면 실패한다. 서로 믿음과 바름으로 대하면 화평하고 악을 제거할 수 있다.

意 감상곤하는 친비의 괘이다. 괘상은 균형이 무너져 있지만 절기로는 겨울의 끝자락이다. 만물이 세상으로 나가려 준비하는 선상에서 보이지 않는 전쟁을 시작하고자 함이다. 이에 친비하면 함께 영화를 즐기지만 불비하면 사방에서 재앙이 밀려온다.

60. ䷖ 艮上坤下(간상곤하)~山地剝(산지박)
小人君入 謙妨交雜(소인군입 겸방교잡)
君子不利 謹愼之寶(군자불이 근신지보)
剝近災殃 大崩防始(박근재앙 대붕방시)
姤遯否觀 剝之五變(구둔비관 박지오변)

제 7장 주역(周易)

解 소인의 무리속으로 군자가 들어가니 도는 방해를 받고 어렵게 되었다. 때와 곳이 불리하니 근신함이 옳을 것이다. 재앙이 가까이에 있다. 새로운 출발 또한 가까이에 있다. 順命(순명)하라 크게 무너짐은 시작을 위한 것이다. 거부할 수 없는 운이다.

意 구돈비관박은 건위천괘가 곤위지괘로 가는 변화의 단계이다. 복임태대장괘는 곤위지괘가 건위천괘로 가는 변화의 단계다. 끝은 시작의 뒷면이고 시작은 끝의 앞면이다. 호사 뒤엔 재앙이 기다리고 재앙 뒤엔 호사가 기다리는 현상이 자연의 이치다. 춘하추동의 순회가 어찌 재앙이며 어찌 호사이겠는가? 호불호는 인간의 욕심으로부터 만들어지는 位爵(위작)일 뿐이다.

  이는 六十甲子로 보는 주역이다. 앞의 61, 62, 63, 64괘는 乾, 坤, 同人, 師로써 天地正位(천지정위)이니 자연의 축이요, 육십괘(60괘)는 사주팔자(4주8자)로 운명을 풀어 가는 잣대다. 자신의 4주에 해당하는 네 가지 괘를 인생의 지표로 삼고 이를 선천이라 한다. 즉 기준 삼는다. 그럼 후천을 무엇인가? 4주에서 후천은 대운이다. 주역에서도 후천은 대운을 풀어 선천수와 후천수의 작용변화를 살피는 것이다. 주역의 후천변화는 4주에서의 대운과 현재의 연월일시 六甲 네 개의 괘로 푼다. 다음 세 번째의 변화는 산대를 이용하는 방법인데 2.1이나 8.4 또는 육십개의 산대를 만들어 놓고 명상한 다음 산대를 뽑는 방법이다.

  이때 좋은 괘가 나왔다하여 좋은 일이 일어나는 것이 아니고 흉괘가 나왔다하여 재앙이 밀려오는 것이 아니다. 주역은 3회의 기회를 얻을 수 있는데 첫째는 자신의 근본이요, 두 번째는 운행의 변화요, 세 번째는 정신의 변화다. 즉 선천수(4주로 보는 주역 4괘)와 후천수(대운으로 보는 주역 4괘) 감응수(자작 1괘 또는 4괘)를 말한다.

여기에 불변의 원칙이 있다. 후천괘가 제아무리 좋다하여도 선천괘를 벗어날 수 없음이요, 감응괘가 아무리 좋아도 선천괘와 후천괘를 벗어난 좋은 일은 발생할 수 없다는 점이다. 여기까지가 주역의 1차 활용법이다.

주역의 2차 활용법은 감응괘이다. 감응괘의 발현은 자신의 심신수양에 따른 변화이므로 섣부른 해석은 재앙을 초래하는 지름길이 된다. 한 예로 도둑이 주역의 길흉을 풀었는데 大吉(대길)이란 괘가 나왔다고 하여 도둑질을 더 열심히 하라는 뜻은 아니라는 점이다. 옛날 춘추전국시대에 한 전쟁이 있었는데 쌍방이 함께 대길이란 괘가 나왔다고 한다. 그러나 한나라는 승리했지만 한나라는 망했다. 나라가 망했음에도 운이 좋았다고 말할 것인가?

주역의 3차 활용법은 변화를 받아들이는 자세다. 좋은 운에도 망하는 사람이 있는가 하면 나쁜운에도 흥하는 사람이 있다. 守株待兎(수주대토)나 감나무 밑에서 홍시 떨어지기를 기다리는 무모함을 위하여 주역은 존재하지 않는다.

오직 인생살이에 있어 참고하고 수신하고 근신하며 희망의 불씨를 살리고 키워 나가는데 있어서 보조수단임을 잊지 말아야 할 것이다.

우주변화의 원리 이야기를 마치며

50년이 가까이 된 먼 옛날의 이야기다. 선친의 지인들 중 도와 연관된 분들이 많았던 것 같다. 그 분들이 모이시면 상용 하시는 말씀들 도가 어떻고 저떻고 우주가 어떻게 흐르고 팔자가 어떻고…

물론 옛날분들이야 그런저런 이야기를 빼면 특별히 할 말도 없었겠지만 나라의 장래가 어떻고 인물이 어떻고 하시는 말씀들을 많이도 들은 것 같다.

그 중에서도 황석공 이야기가 재미있었다. 황석공씨는 72궁(일흔두가지 둔갑술)을 할줄 알아 옥황상제를 언제든 만날 수 있었는데, 하루는 길을 가는데 강변 모래밭에 콩을 심는 노인이 있었다고 한다. 그래서 황석공씨가 묻기를 "노인장? 어찌하여 강가 모래톱에 콩을 심으시오? 하고 물으니 노인왈 금년에는 천기를 살펴보니 이곳에 콩을 심어야 좋은 수확을 할 것 같아서요 하니 황석공씨가 다시 묻기를 왜 그런생각을 하셨습니까? 하였더니 노인이 어이없다는 듯이 쳐다보면서 금년은 가뭄이 심하지 않소? 하고 되물었다. 그래서 황석공씨는 아 그렇습니까 하고 되돌아섰다. 그리고 그길로 곧장 천기를 보니 금년 한 해 내리는 비가 3되 3홉밖에 안되었다. 그런데 자기보다 먼저 천기를 읽었던 노인에게서 심한 질투를 느껴 이 노인을 골탕을 먹이기 위하여 곰곰이 생각하다가 옥황상제를 만나게 되었다. 옥황상제(우주변화를 주도하는 신)를 만나 여차가 저차저차하고 저차가 여차여차 하니 오늘 한번만 계획을 바꾸시어 금년에 3말3되의 비를 내려주시면 그 은혜를 평생 간직하겠습니다. 라고 간청하여 그 해 3말 3되의 비를 내리니 강가의 모래톱이 사라져 버렸다고 한다. 이런저런 이야기들을 들을 때 마다 호기심이 생겨 언젠가는 나도 그런 세상을 확인해 보고 싶은 꿈이 자라기 시작했다.

그리고 甲子, 乙丑, 年間 道를 친견하고 나니 한바탕 웃음이 터져 나왔다.

그래도 그때 그분들에게서 들은 이야기들이 깨어진 그릇의 작은 파편들임을 알았고 또 다른 파편들을 모아 원형을 복원하는데 절대적 역할을 하였음에 감사를 드리고 싶다.

앞에서도 밝혔듯이 역사와 문화문물을 빼앗기고 변방의 소수민족으로 광야를 헤매면서 작은 쪼가리들을 가지고 장님 코끼리 만지듯 갑론을박하고 있는 우리 자신의 꼴이 너무도 한심천만한 터에 천우신조로 비록 필자의 손을 빌렸을지라도 한민족의 철학과 문화문명을 뒤돌아 보고 원형을 추리해 보는 기회가 되기를 간절히 바라는 바이다.

이글이 비록 부족하고 흠이 많을 것이나 원칙에는 변함이 없고 한민족의 정통성을 바로 잡는데 단초가 되기를 희망해 본다.

우주변화란 어떤 개인이나 단체 또는 권력이나 돈으로 움직여지는 변화가 아님은 세상 누구나 잘 아는 사실이다. 얼마 전 일본에서 일어난 지진과 쓰나미를 보면서 많은 사람들이 아니 세상 사람들이 모두 인간의 무기력과 한계를 극명하게 느꼈을 것이다. 요즈음 미국을 강타하고 있는 토네이도 또한 같은 맥락으로 볼 수 있다.

자연의 위대함에는 경제대국도, 군사대국도 바람 앞에 촛불임을 실감했을 것이다. 인간의 자만과 경거망동 그리고 허욕을 질타하는 자연의 경고 메세지다. 이를 겸허히 수용하고 자연과 함께하는 만물의 영장이 아닌 만물이 하나임을 깨닫고 인정할 때 비로소 인간의 안전과 행복이 보장될 것이다. 그리고 우주의 변화는 안정될 것이다.

끝으로 이글은 우주를 가리키는 손가락이며, 자연과 동행하는 지혜이며, 변화에 순응하는 도이다.

鶴首苦待　　　　　國泰民安
四半世紀　　　　　宇宙妙理
因緣不緣　　　　　大悟入囊
春去秋來　　　　　人人未知
失笑失笑　　　　　不用無用
歸去來也　　　　　誰見來世

참고문헌

황제내경(빙, 고보형(당,송) 문광도서

구산역(심재식 저)

사주접경(이석영 저)

주역 (서정기 역저)

정역(일부 김항 저)

우주변화의 원리(한동석 저)

우주의 역사 (콜린윌슨 저, 한영환 옮김)

한의학 용어 대사전(영림사 간)

부도지(박재상 저, 김은수 역)

장자(윤재근 저)

훈민정음의 구성원리(이정호 아세아문화사 간)

끝으로 우주변화의 원리이야기(60 甲子이야기)를 출판하기 까지 음으로 양으로 도와주신 제자 여러분들과 출판을 맡아주신 엠-애드사의 임선실 실장님을 비롯 임직원 여러분께 진심으로 감사를 올립니다.

항상 건강하시고 행복하세요

감사합니다.

庚子新春 聞慶에서 一點風

宇宙變化의 原理이야기 ①

2020년 1월 20일 초판 1쇄 인쇄
2020년 1월 25일 초판 1쇄 발행

저　자｜조 대 일
발행인｜이 승 한
편집인｜이 수 미
발행처｜**엠-애드**
등　록｜제 2-2554
주　소｜서울시 중구 마른내로8길 40
전　화｜02) 2278-8063/4
팩　스｜02) 2275-8064
이메일｜madd1@hanmail.net

ISBN 978-89-6575-12-50(03110)

값 20,000원

저자와의 합의하에 인지 첨부 생략합니다.
이 책은 저작권법에 의해 보호를 받는 저작물이므로 무단전재와 복제를 금합니다.